सूर्य

सूर्य

गुणाकर मुळे

राजकमल प्रकाशन

ISBN : 978-81-267-0457-6

मूल्य : ₹295

पहला संस्करण : 1979
दूसरा संशोधित एवं परिवर्द्धित संस्करण : 1989
दसवाँ संस्करण : 2019

प्रकाशक : राजकमल प्रकाशन प्रा.लि.
1-बी, नेताजी सुभाष मार्ग, दरियागंज
नई दिल्ली-110 002

शाखाएँ : अशोक राजपथ, साइंस कॉलेज के सामने, पटना-800 006
पहली मंजिल, दरबारी बिल्डिंग, महात्मा गांधी मार्ग, प्रयागराज-211 001

वेबसाइट : www.rajkamalprakashan.com
ई-मेल : info@rajkamalprakashan.com

मुद्रक : बी.के. ऑफसेट
नवीन शाहदरा, दिल्ली-110 032

SURYA
by Gunakar Muley

दूसरी बार

इस नए संस्करण में मैंने सूर्य के बारे में उपलब्ध नई जानकारी का समावेश कर दिया है। कुछ नए चित्र भी जोड़े हैं।

अमरावती'
सी-210, पांडव नगर
दिल्ली-110 092
1 मार्च, 1989

गुणाकर मुले

अपनी बात

सूर्य सौर-मंडल का स्वामी है। आज से करीब तीन अरब साल पहले सौर-ताप की अनुकूल परिस्थितियों में ही पृथ्वी पर प्राथमिक जीवों का प्रादुर्भाव हुआ था। सूर्य की ऊर्जा ही पृथ्वी के जीव-जगत का पालन-पोषण करती आई है। सूर्य हर तरह से हमारे जीवन को प्रभावित करता है। अंत में, करीब पाँच अरब साल बाद, सूर्य के कारण ही 'महाप्रलय' होगा!

इस प्रकार, सूर्य हमारे जीवन का स्रष्टा है, संरक्षक है. और अंत में संहारक भी बनेगा। फिर भी सूर्य के बारे में हमें बहुत कम जानकारी मिल पाती है। उसका एक कारण यह है कि सूर्य के बारे में अधिकांश वैज्ञानिक जानकारी हमें पिछले पचास सालों में ही मिली है। दूसरा कारण है, विषय की कठिनाई। जहाँ तक मेरी जानकारी है, हिंदी में सूर्य पर यह अपनी तरह की पहली पुस्तक है। खगोल-भौतिकी के इस जटिल विषय को मैंने यथासंभव सरल एवं रोचक भाषा में प्रस्तुत करने का

प्रयत्न किया है । आशा है, विद्यार्थी और सामान्य पाठक इस पुस्तक को उपयोगी पाएँगे ।

आकाशगंगा के करीब 150 अरब तारों में से हमारा सूर्य एक सामान्य तारा है । तारों के बारे में विस्तृत जानकारी मैंने 'ब्रह्मांड-परिचय पुस्तकमाला' की तीसरी पुस्तक **नक्षत्र-लोक** में दी है । उस पुस्तक से सूर्य-तारे के बारे में कुछ अतिरिक्त जानकारी मिल जाती है । आशा है, इस पुस्तकमाला की शेष पुस्तकें भी जल्दी ही प्रकाशित हो जाएँगी ।

–गुणाकर मुले

क्रम

सूर्य और हम

किस्सा पुराना है। एक महात्मा थे। लोग उनके पास तरह-तरह के सवाल पूछने जाते थे। एक दिन किसी भक्त ने उनसे पूछा—''महात्मा जी! हमारे लिए सूर्य अधिक महत्त्व का है या चंद्र?''

महात्मा ने उत्तर दिया—''चंद्र रात को उस समय चमकता है जब अँधेरा रहता है। लेकिन सूर्य दिन के उजाले में चमकता है। इसलिए चंद्र का हमारे लिए अधिक महत्त्व है।''

यह किस्सा शायद मनगढ़ंत है। क्योंकि पुराने जमाने के लोग भी जानते थे कि सूर्य के प्रकाश से ही दिन के समय उजाला होता है। कुछ लोग यह भी जानते थे कि चंद्र वास्तव में सूर्य के प्रकाश से ही चमकता है। लेकिन पुराने जमाने के लोग सूर्य के महत्त्व को पूरी तरह समझ नहीं पाए थे। समझ भी नहीं सकते थे, क्योंकि सूर्य के बारे में अधिकांश जानकारी हमें पिछले दो-तीन सौ सालों में ही मिली है।

आज हम सूर्य के बारे में बहुत-सी बातें जानते हैं। हम सूर्य की रचना और उसके आकार-प्रकार के बारे में जानते हैं। हम सूर्य की ऊर्जा के बारे में जानते हैं। अब हम जानते हैं कि सूर्य में कौन-सा ईंधन जलता है। हम इस बात का भी हिसाब लगा सकते हैं कि सूर्य कितने साल से जल रहा है और आगे कितने साल तक जलता रहेगा। सूर्य के बारे में यह जानकारी हमें इसी सदी में मिली है।

लेकिन बहुत-से लोग इस ज्ञान से बेख़बर हैं। इसका एक कारण भी है। प्रतिदिन हम सूर्य के दर्शन करते हैं। सोचते हैं—सूर्य जमाने से जलता आ रहा है और आगे भी जलता रहेगा। चिंता की कोई बात नहीं। लू चलती है तो हम सूर्य को कोसते हैं और कड़ाके की सर्दी पड़ती है तो धूप को सराहते हैं। बस!

आकाश के दूसरे पिंडों में हमारी अधिक दिलचस्पी है। चंद्र की स्तुति में कवियों ने हजारों गीत रचे हैं। जब से अंतरिक्ष-यात्रा का युग आरंभ हुआ, तब से चंद्र और ग्रहों के बारे में सामान्य लोग भी नई-नई

बातें जानने के लिए उत्सुक रहते हैं। चंद्र और ग्रहों के बारे में लेख और ग्रंथ भी अधिक छपते हैं। सूर्य की उपेक्षा होती है।

लेकिन हम जानते हैं कि सूर्य ही सौर-परिवार का स्वामी है। सौर-मंडल के समस्त पिंड सूर्य की परिक्रमा करते हैं। सौर-परिवार के सभी पिंडों को सूर्य प्रभावित करता है। सूर्य में यदि थोड़ा भी परिवर्तन हो जाए, तो उसका प्रभाव सौर-मंडल के सभी पिंडों पर अवश्य पड़ता है। सौर-परिवार की उत्पत्ति के कई सिद्धांतों के अनुसार, ग्रहों तथा उपग्रहों का जन्म सूर्य की द्रव्यराशि से ही हुआ है।

सूर्य के कारण ही हमारी इस धरती पर जीव-जगत का निर्माण हुआ। करीब तीन अरब साल पहले सौर-ताप की अनुकूल परिस्थितियों में अणुओं के मेल-जोल से हमारी इस पृथ्वी पर प्राथमिक जीवों का प्रादुर्भाव हुआ। पृथ्वी पर यदि अधिक या कम सौर-ऊष्मा पहुँचती, तो यहाँ ऐसे जीवन का विकास न होता। इसीलिए सौर-परिवार के अन्य ग्रहों पर पृथ्वी-जैसे जीवन का निर्माण नहीं हुआ है।

सूर्य केवल जीव-जगत का निर्माता ही नहीं, वह इसका पोषण भी करता है। पेड़-पौधे सूर्य की ऊष्मा को ग्रहण करते हैं। भोजन के माध्यम से सूर्य की यह ऊर्जा हमें मिलती है। बीसवीं सदी के प्रथम चरण तक हम जितने भी ईंधनों का प्रयोग करते आए हैं, उनकी ऊष्मा उन्हें सूर्य से मिली है। कोयला, तेल, लकड़ी आदि से मिलनेवाली ऊर्जा वास्तव में सूर्य की ऊर्जा है। सूर्य की किरणों की ऊर्जा हमारी धरती पर रासायनिक ऊर्जा में बदल जाती है। वर्तमान सदी तक हम सिर्फ इसी रासायनिक ऊर्जा पर निर्भर रहे।

लेकिन अब हमने परमाणु-ऊर्जा की खोज कर ली है। इस ऊर्जा का सूर्य से कोई संबंध नहीं है। यह द्रव्य के परमाणुओं के भीतर छिपी हुई ऊर्जा है। वस्तुतः इस प्रक्रिया में द्रव्य ही ऊर्जा में बदल जाता है।

वर्तमान सदी में जब परमाणु-ऊर्जा के बारे में जानकारी मिली तभी हम समझ पाए कि सूर्य में कौन-सा ईंधन जलता है। सूर्य के केंद्रीय भाग में हाइड्रोजन के परमाणु आपस में मिलकर हीलियम के परमाणुओं में रूपांतरित होते हैं। इस प्रक्रिया में कुछ द्रव्य ऊर्जा में रूपांतरित होता है। सूर्य की यह ऊर्जा कई प्रकार की किरणों के रूप में चारों ओर अंतरिक्ष में फैल जाती है।

इसी प्रकार की ऊर्जा अब हम पृथ्वी पर भी पैदा करने लग गए हैं। हाइड्रोजन बम के विस्फोट में ठीक उसी प्रकार की ऊर्जा पैदा होती है, जैसी कि सूर्य के केंद्रीय भाग में पैदा होती रहती है। हाइड्रोजन बम के विस्फोट में थोड़ा-सा हाइड्रोजन-द्रव्य ऊर्जा में बदल जाता है। फिर भी

हाइड्रोजन बम से कितनी तबाही हो सकती है, इसका हमें अंदाजा है। पर सूर्य की भीषण ऊर्जा के बारे में सोचकर हम चकित रह जाते हैं। सूर्य के केंद्रीय भाग में तापमान लगभग डेढ़ करोड़ डिग्री सेंटीग्रेड है। सूर्य का प्रति सेकंड लगभग 40 लाख टन द्रव्य नष्ट होता है! अर्थात् यह ऊर्जा में रूपांतरित हो जाता है।

लेकिन चिंता की कोई बात नहीं है। सूर्य पिछले करीब पाँच अरब साल से ऐसा ही चमकता आया है। यह प्रति सेकंड 40 लाख टन द्रव्य को खर्च करता आया है। और आगे के लगभग पाँच अरब साल तक यह ऐसा ही चमकता रहेगा। इतना अधिक हाइड्रोजन द्रव्य है सूर्य में!

सूर्य की समस्त ऊर्जा हमारी पृथ्वी पर नहीं पहुँचती। सूर्य की यह ऊर्जा कई प्रकार की किरणों के रूप में उत्सर्जित होती है। पृथ्वी का वायुमंडल इनमें से कई प्रकार की किरणों को रोक लेता है। यह अच्छा ही है। सब किरणें यदि पृथ्वी पर पहुँचतीं तो यहाँ हमारा जीवन असंभव हो जाता।

सूर्य हर प्रकार से हमारे जीवन को प्रभावित करता है। सूर्य की हर हलचल का हमारे जीवन पर प्रभाव पड़ता है। संक्षेप में हम कह सकते हैं कि हमारी पृथ्वी और हम सूर्य के परिवेश में पल रहे हैं। इसलिए सूर्य के बारे में जानकारी प्राप्त करना अत्यंत आवश्यक है।

सूर्य के बारे में अधिकांश जानकारी पिछले दो-तीन सौ साल में ही मिली है। इसमें भी अधिक ठोस जानकारी पिछले सत्तर सालों में ही मिली है। अतः यह जानना आवश्यक है कि सूर्य के बारे में यह सारी जानकारी हमें कैसे मिली। यह जानना भी उपयोगी होगा कि पुराने जमाने के लोग सूर्य के बारे में क्या सोचते थे।

सूर्य देवता

कई लाख साल पहले के मानव सूर्य के बारे में क्या सोचते थे, इसकी केवल कल्पना ही की जा सकती है। सूर्यास्त के बाद अँधेरा छा जाता था तो आदि-मानव भयभीत हो जाता होगा। लेकिन सूर्योदय के बाद चारों ओर रोशनी फैल जाती थी तो वह अत्यंत प्रसन्न होता होगा। अनुभव से वह जान गया था कि एक निश्चित समय के बाद सूर्यास्त और सूर्योदय होता है। लेकिन कौन जाने, किसी समय सूर्यास्त के बाद सूर्योदय न हुआ, तब ?

उसने देखा था कि कभी-कभी दिन के समय ही सूर्य गायब हो जाता है। सूर्य-ग्रहण के असली कारण को वह नहीं जानता था। उसने कल्पना की कि सूर्य-ग्रहण के समय कोई 'राक्षस' सूर्य को निगल जाता है। इसलिए आदि-मानव को सूर्य के बारे में हमेशा चिंता बनी रहती होगी। प्रतिदिन सूर्योदय के समय उसे राहत मिलती थी, प्रसन्नता होती थी। प्रतिदिन सूर्योदय के समय वह सूर्य के प्रति अपनी कृतज्ञता प्रकट करता होगा। इस प्रकार सूर्य एक देवता बना और सूर्य-पूजा का आरंभ हुआ।

हमारे देश के प्राचीन ग्रंथ ऋग्वेद में जितने देवताओं के उल्लेख हैं, उनमें सूर्य से संबंधित देवताओं की संख्या सबसे अधिक है। सूर्य से संबंधित ये देवी-देवता हैं : सवितृ, मित्र, विष्णु, भग, दक्ष, धातृ, मार्तंड, पूषन्, उषा, सूर्या इत्यादि। उस समय के कवियों ने इनकी स्तुति में बहुत-से गीतों (ऋचाओं) की रचना की।

वेदों में सूर्य के बारे में बहुत-सी बातें हैं। एक स्थान पर उल्लेख है—मित्र (सूर्य) मनुष्यों को प्रेरित करता है, द्युलोक तथा पृथ्वी को धारण करता है और मनुष्य तथा देवताओं को देखता है। दूसरे स्थान पर लिखा है कि सूर्य ऋतुओं का निर्माण करता है।

ऋग्वेद में 'द्वादशादित्य' शब्द आता है। इसका अर्थ है 'बारह सूर्य'। हर महीने सूर्योदय का स्थान बदलता है, इसीलिए बारह सूर्यों की

कल्पना की गई थी। ऋग्वेद में अन्यत्र कहा गया है कि सूर्य एक ही है।

ऋग्वेद में कल्पना की गई है कि सूर्य एक रथ पर चढ़कर आकाश की यात्रा करता है और सात घोड़े इस रथ को खींचते हैं। हम जानते हैं कि न्यूटन ने पहली बार सिद्ध किया था कि सूर्य का प्रकाश सात रंगों का होता है। इसलिए कई लोग अब सूर्य के इन सात काल्पनिक घोड़ों का संबंध सूर्य-प्रकाश के सात रंगों से जोड़ने लग गए हैं। यह संभव है कि किसी प्रकार के प्रिज़्म से उस समय के लोगों को यह पता चल गया हो कि सूर्य का प्रकाश सात रंगों में बँट जाता है। इंद्रधनुष के रंगों के आधार पर भी वे इस निष्कर्ष पर पहुँच सकते हैं।

परंतु निश्चित रूप से कुछ नहीं कहा जा सकता। वैदिक काल के ऋषि-मुनि दुनिया के बारे में सबकुछ जानते थे, यह सोचना ही गलत है। दरअसल, पुराने जमाने के पंडितों और ज्योतिषियों को सूर्य की आकाशीय गति के बारे में ही थोड़ी जानकारी थी। वैदिक काल के हमारे ऋषि (कवि) संभवतः यह भी नहीं जानते थे कि सूर्य और चंद्रमा में से कौन अधिक दूर है। तैत्तिरीय-संहिता में एक स्थान पर लिखा है कि चंद्रमा सूर्य से अधिक दूर है।

पुराने जमाने के लोगों के इस अज्ञान पर हमें हँसी नहीं आनी चाहिए। सूर्य के बारे में प्रमुख बात है, इसमें पैदा होनेवाली भीषण ऊर्जा। लगभग सत्तर साल पहले ही हमें जानकारी मिली है कि सूर्य में कौन-सा ईंधन जलता है और इतनी भीषण ऊर्जा कैसे पैदा होती है। हमारे देश के महान ज्योतिषी आर्यभट (499 ई.) और सूर्य-भक्त वराहमिहिर जैसे ज्योतिषी भी नहीं जानते थे कि सूर्य इतना तेज क्यों चमकता है। यूरोप के कोपर्निकस, केपलर, न्यूटन, गैलीलियो और हर्शेल जैसे महान वैज्ञानिक भी इस संबंध में कुछ नहीं जानते थे।

तीन सौ साल पहले तक ज्योतिषियों को यह भी पता न था कि सूर्य हमसे ठीक कितनी दूर है। इसलिए पुराने जमाने के लोगों ने सूर्य के बारे में कुछ गलत अटकलें लगाई थीं, तो इससे हमें आश्चर्य नहीं होना चाहिए। प्राचीन सभ्यताओं के लोग सूर्य के महत्त्व को समझते थे, परंतु नहीं जानते थे कि यह क्या है; इसीलिए उन्होंने सूर्य को एक देवता मान लिया था।

प्राचीन ईरान के लोग सूर्य को 'मिथ्र' मानकर उसकी आराधना करते थे। ईरानियों का 'मिथ्र' हमारा 'मित्र' (सूर्य) है। ईरानी और भारतीय आर्य कबीलों के पूर्वज एक ही मूल स्थान से आए थे, इसीलिए 'मित्र' तथा 'मिथ्र' शब्दों में यह साम्य है। बाद में हमारे देश में ईरानियों के प्रभाव से सूर्य-पूजा की नई विधि अपनाई गई। देश में सूर्य के मंदिर

प्राचीन मिस्र के आख्यानों के अनुसार, सूर्य (रा) देवता नाव में बैठकर आकाश (झुकी हुई नुत् देवी) की यात्रा करता था।

बने। सूर्य की विशेष पूजा के लिए कुछ ईरानी परिवार भारत में आकर बसे और 'मग ब्राह्मण' कहलाए। ज्योतिषी वराहमिहिर (छठी सदी) ऐसे ही एक परिवार में पैदा हुए थे।

प्राचीन मिस्र के लोग भी सूर्य-पूजक थे। उन्होंने बाज़ पक्षी के रूप में सूर्य की कल्पना की। कभी-कभी वे बाज़ का सिर आदमी के धड़ के साथ जोड़ देते थे। उनकी कल्पना के अनुसार, ऐसा यह सूर्य देवता नाव में बैठकर आकाश की यात्रा करता है। प्राचीन बेबीलोन के लोग भी यही सोचते थे कि सूर्य देवता नाव में बैठकर यात्रा करता है।

परंतु आज से करीब साढ़े तीन हज़ार साल पहले फरोहा अमेनोफिस के शासन-काल में एक नए सूर्य-धर्म का उदय हुआ। सूर्य देवता की कल्पना का लोप हुआ। वास्तविक सूर्य की पूजा का आरंभ हुआ। मंदिरों की दीवारों पर किरणों का उत्सर्जन करनेवाले सूर्य की आकृतियाँ उकेरी गईं। फरोहा अमेनोफिस ने नया नाम—इखनातोन—धारण किया। 'इखनातोन' का अर्थ है 'आतोन (सूर्य) का कृपापात्र'। इस प्रकार, प्राचीन मिस्र में वास्तविक सूर्य की पूजा आरंभ हुई।

पर वास्तविक सूर्य की यह पूजा उस फरोहा की मृत्यु के बाद ही समाप्त हो गई। लोग पुनः काल्पनिक सूर्य देवता की पूजा करने लगे। लगता है कि फरोहा अमेनोफिस के समय के कुछ ज्योतिषियों ने सूर्य की वास्तविकता को समझ लिया होगा। किंतु मिस्र के पुरोहितों को वास्तविक सूर्य की नहीं, बल्कि एक सूर्य देवता की जरूरत थी। इसलिए उस फरोहा की मृत्यु के बाद उन्होंने असली सूर्य की पूजा बंद करवा दी होगी।

प्राचीन मिस्र का शासक इखनातोन (लग. 1360 ई. पू.) अपनी रानी नेफरतिती के साथ किरणोत्सर्जित सूर्य को भेंट चढ़ा रहा है।

हमारे देश के महान शासक अकबर का भी यही हाल हुआ। देश के हिंदू तथा मुसलमानों को मिलाने के उद्देश्य से अकबर ने एक नए धर्म की स्थापना की। इस नए धर्म में सूर्य-पूजा को सबसे अधिक महत्त्व दिया गया था। लेकिन अकबर के साथ ही उनका यह नया धर्म नष्ट हो गया।

प्राचीन यूनान के लोगों ने भी सूर्य को एक देवता माना था। हेलिओ, अपोलो आदि इस सूर्य देवता के नाम थे। यूनानियों का यह सूर्य देवता भी रथ पर यात्रा करता था और तेज दौड़नेवाले घोड़े इस रथ को खींचते थे। सूर्यास्त के बाद यह सूर्य देवता रात को आराम करता था।

फाइथोन इस सूर्य देवता के पुत्र का नाम था। कभी-कभी शौक के लिए फाइथोन भी अपने पिता के रथ पर सवारी करता था। लेकिन पिता की तरह वह कुशल रथी नहीं था। कभी-कभी पृथ्वी के अधिक नज़दीक चला आता था। ऐसे समय सूर्य तेज़ चमकता, धरती पर सबकुछ जलने लग जाता और लोग हाहाकार मचाते!

लेकिन प्राचीन यूनान के सभी लोग ऐसे सूर्य देवता में यकीन नहीं करते थे। पाइथेगोर (ईसा पूर्व छठी सदी) का कहना था कि पृथ्वी गोल है और यह निराधार लटकी हुई है। लेकिन यह सोचना गलत होगा कि

प्राचीन यूनान के आख्यानों के अनुसार सूर्य देवता रथारूढ़ होकर आकाश की यात्रा करता था। सूर्य का पुत्र फाइथोन भी कभी-कभी इस रथ पर सवारी करता था। प्राचीन भारत के लोगों की भी यही मान्यता थी कि घोड़े जुते हुए रथ पर चढ़कर सूर्य देवता आकाश की यात्रा करता है।

किसी वैज्ञानिक प्रयोग के बाद पाइथेगोर इस नतीजे पर पहुँचे थे। दरअसल, पाइथेगोर इस गोलाकार को विशेष महत्त्व देते थे। इसीलिए उन्होंने कल्पना की थी कि पृथ्वी गोलाकार होनी चाहिए।

पाइथेगोर के एक अनुयायी थे फिलोलौस (ईसा पूर्व पाँचवीं सदी)। फिलोलौस ने विश्व की रचना के बारे में एक नया विचार प्रस्तुत किया। इस मत के अनुसार विश्व के केंद्र में पृथ्वी नहीं थी। उन्होंने कल्पना की कि विश्व के केंद्र में एक विशाल अग्नि है और पृथ्वी, सूर्य तथा ग्रह इस केंद्रीय अग्नि की परिक्रमा करते रहते हैं। इस प्रकार, फिलोलौस पहले व्यक्ति थे जिन्होंने कल्पना की कि पृथ्वी विश्व के केंद्र में नहीं है और यह परिक्रमा करती है। पर उन्होंने यह नहीं कहा था कि पृथ्वी सूर्य की परिक्रमा करती है। विश्व के केंद्रीय भाग में उन्होंने एक काल्पनिक अग्नि को स्थान दिया था।

यूनान के अनेक्सागोर (ईसा पूर्व पाँचवीं सदी) जैसे विद्वान यह मानने को तैयार नहीं थे कि सूर्य एक देवता है और रथ पर चढ़कर आकाश की

यात्रा करता रहता है। उनके मतानुसार सूर्य एक जलती हुई चट्टान थी। उन्होंने यह भी कहा कि यह चट्टान उनके जन्म-प्रदेश पेलोपोन्नेस प्रायद्वीप जितनी बड़ी है। यह प्रायद्वीप मुश्किल से सौ किलोमीटर लंबा-चौड़ा है।

अनेक्सागोर बेचारे मुसीबत में फँस गए। सूर्य के इस आकार को सिद्ध करने के लिए उनके पास कोई सबूत नहीं था। सूर्य को देवता मानकर उसकी पूजा करनेवाले लोग बौखला गए। अनेक्सागोर को पकड़ लिया गया और उन पर धर्म-विरोध का आरोप लगाया गया। बड़ी मुश्किल से उनकी जान बची। आज हम जानते हैं कि सूर्य हमारी पृथ्वी से 13 लाख गुना बड़ा है!

प्राचीन काल के प्रायः सभी विद्वान सोचते थे कि हमारी पृथ्वी ही विश्व के केंद्र में स्थित है। पर यूनान के अरिस्टार्कस (ईसा पूर्व तीसरी सदी) ने विश्व की योजना के बारे में एक नया सिद्धांत स्थापित किया। अरिस्टार्कस का कहना था कि सूर्य विश्व के केंद्र में स्थित है और चंद्र पृथ्वी तथा अन्य ग्रह इसकी परिक्रमा करते हैं। इस सिद्धांत के कारण अरिस्टार्कस को 'प्राचीन काल का कोपर्निकस' माना जाता है।

अरिस्टार्कस ने ज्यामितीय विधि से सूर्य तथा चंद्र की दूरियाँ जानने का भी प्रयत्न किया था। गणना के बाद वे इस परिणाम पर पहुँचे थे कि चंद्र हमसे जितनी दूर है, सूर्य उससे 18 गुना अधिक दूर है। पर आज हम जानते हैं कि सूर्य चंद्र की अपेक्षा लगभग 390 गुना अधिक दूर है।

इस प्रकार हम देखते हैं कि अरिस्टार्कस सही अर्थ में एक वैज्ञानिक थे। लेकिन यूनान के दूसरे विद्वानों ने उनके विचारों को स्वीकार नहीं किया। यूनान के अफलांतून (प्लेटो) और अरस्तू जैसे दार्शनिकों के विचारों को अधिक समर्थन मिला। प्लेटो (427-347 ई. पू.) का मत था कि इस धरती की सारी चीजें नकली हैं। असली चीजें कहीं ऊपर स्वर्ग में रखी हुई हैं! उनका कहना था कि वृत्त एक शुद्ध आकृति है, इसलिए आकाश के सारे पिंड वृत्ताकार मार्ग में ही परिक्रमा करते हैं। उनके मतानुसार, पृथ्वी विश्व के केंद्र में स्थित है और सूर्य, चंद्र, ग्रह आदि पिंड ठीक वृत्ताकार कक्षाओं में इस पृथ्वी की परिक्रमा करते हैं।

अरस्तू (384-322 ई. पू.) जीववेत्ता के रूप में एक सच्चे वैज्ञानिक थे, परंतु विश्व की योजना के बारे में उनके विचार गलत थे। अरस्तू ने एक सीमित गोले के रूप में विश्व की कल्पना की। इस गोलाकार विश्व के केंद्र में स्थिर पृथ्वी थी। पृथ्वी के ऊपर उन्होंने विभिन्न गोलों की कल्पना की। जल, वायु और अग्नि के गोलों के परे उन्होंने क्रमशः सूर्य,

चंद्र, ग्रहों तथा तारों के गोलों की कल्पना की । अरस्तू ने यह भी कहा कि पृथ्वी, जल, वायु तथा अग्नि के गोले अशुद्ध हैं और आकाश के शेष गोले शुद्ध हैं !

आज हम जानते हैं कि अरस्तू के ये विचार पूर्णतः अशुद्ध हैं । लेकिन पुराने ज़माने के यूरोप में अरस्तू के विचारों का विरोध करने का अर्थ था, ख़तरा मोल लेना । ईसा की दूसरी सदी के महान ज्योतिषी तालेमी ने भी पृथ्वी को केंद्र में स्थान देकर विश्व के बारे में एक योजना प्रस्तुत की थी । अरस्तू और तालेमी के विचार ईसाई धर्म के विचारों से मेल खाते थे । इसलिए इन विचारों को धर्म का समर्थन मिला । अरस्तू के बाद करीब दो हज़ार साल तक यूरोप की जनता उनके विचारों को मानती रही । विज्ञान के विद्यार्थी जानते हैं कि कोपर्निकस, जोर्दानो ब्रूनो तथा गैलीलियो को अरस्तू का खंडन करने के लिए क्या-कुछ सहना पड़ा था ।

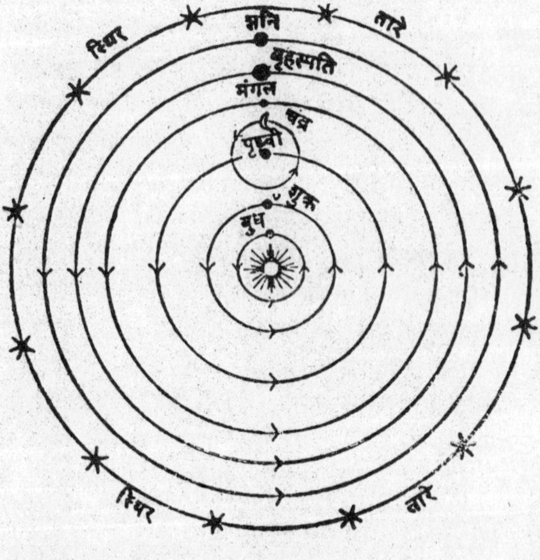

प्राचीन यूनान तथा मध्ययुगीन यूरोप के ज्योतिषियों के अनुसार विश्व की योजना

कोपर्निकस (1473-1543 ई.) ने सूर्य को पुनः विश्व के केंद्र में स्थापित किया। धीरे-धीरे उनके इस सिद्धांत को समर्थन मिला। केपलर (1571-1630) ने ग्रहों की गतियों के नियम खोज निकाले। गैलीलियो ने 1609 में दूरबीन बनाई । इस दूरबीन से पहली बार उन्होंने

कोपर्निकस (1473-1543 ई.) ने सूर्य को सौर-मंडल के केंद्र में स्थापित किया।

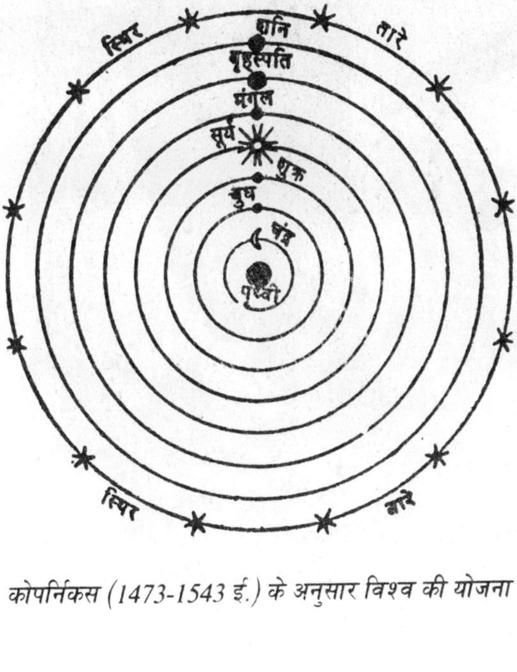

कोपर्निकस (1473-1543 ई.) के अनुसार विश्व की योजना

सूर्य की सतह पर काले धब्बे देखे। गैलीलियो ने अपने एक वैज्ञानिक मित्र को सूर्य के इन काले धब्बों के बारे में जानकारी दी। उन्हें उत्तर मिला—''मित्र, पुरानी पुस्तकों को मैंने बार-बार पढ़ा है। पर उनमें सूर्य के इन काले धब्बों के बारे में कोई जानकारी नहीं है। जाकर आराम करो। तुम्हारी आँखों में ही कोई दोष है!''

न्यूटन (1642-1727) ने गुरुत्त्वाकर्षण के सिद्धांत की स्थापना की। इससे स्पष्ट हो गया कि सूर्य के अत्यधिक आकर्षण के कारण ही सौर-मंडल के दूसरे पिंड इसकी परिक्रमा करते रहते हैं। न्यूटन का प्रकाश-किरणों से संबंधित अनुसंधान सूर्य के अध्ययन के लिए बड़ा उपयोगी सिद्ध हुआ। सूर्य और अन्य तारों के समीप हम पहुँच नहीं सकते। लेकिन उनका प्रकाश हम तक पहुँचता रहता है। इसलिए प्रकाश का अध्ययन करके ही हम सूर्य तथा अन्य तारों के बारे में अधिकांश जानकारी प्राप्त कर सकते हैं। न्यूटन प्रकाश-विज्ञान के संस्थापक थे।

गैलीलियो (1564-1642 ई.) अपनी दूरबीन के साथ

गैलीलियो और न्यूटन के बाद विज्ञान ने तेज़ी से उन्नति की। हमने देखा है कि न्यूटन और गैलीलियो के समय तक सूर्य के बारे में हमें कोई ठोस जानकारी नहीं मिली थी। न्यूटन और गैलीलियो भी नहीं जानते थे कि सूर्य हमसे ठीक कितनी दूर है। लेकिन पिछले दो सौ सालों में हमें सूर्य तथा अन्य तारों के बारे में बहुत-सी जानकारी मिली है।

संक्षेप में हम कह सकते हैं कि मानव-सभ्यता के आरंभिक चार हज़ार साल में सूर्य के बारे में कोई ठोस जानकारी नहीं मिल पाई थी। पिछले तीन सौ साल में ही हमें सूर्य के बारे में ठोस जानकारी मिली है। इनमें भी पिछले करीब सत्तर सालों में ही हमें सूर्य के बारे में सबसे अधिक जानकारी मिली है।

इसलिए हमें इस गलतफ़हमी में नहीं रहना चाहिए कि हमारे देश के पुराने ऋषि-मुनियों तथा ज्योतिषियों ने आकाश के बारे में सभी कुछ जान लिया था। यह सही है कि हमारे देश में आर्यभट, वराह, ब्रह्मगुप्त और भास्कर जैसे महान ज्योतिषी हुए। यह भी सही है कि भास्कराचार्य के समय (1150 ई.) तक हमारा देश ज्योतिष के अध्ययन में किसी भी अन्य देश से पीछे नहीं था। लेकिन तथ्य यह है कि दूसरे देशों के ज्योतिषियों की तरह हमारे देश के ज्योतिषी भी सूर्य की केवल प्रत्यक्ष गति को ही समझ पाए थे। मनुष्य का भाग्य बतलाने का दावा करनेवाले पेशेवर फलित-ज्योतिषी नहीं जानते थे कि सूर्य क्या है और यह पृथ्वी तथा इसके जीव-जगत को ठीक किस प्रकार प्रभावित करता है।

सूर्य के बारे में आगे की जानकारी से यह बात स्पष्ट हो जाएगी।

सूर्य : एक सामान्य तारा

हमारी पृथ्वी और दूसरे ग्रह सूर्य की परिक्रमा करते हैं। हमारे लिए सूर्य का बड़ा महत्त्व है। इसीलिए सूर्य को एक देवता माना गया था। पर खगोल-विज्ञान की दृष्टि से सूर्य एक तारा है, एक सामान्य तारा।

पृथ्वी के किसी भी स्थान पर खड़ा व्यक्ति रात के समय, दूरबीन की सहायता के बिना, आकाश में लगभग तीन हज़ार तारे ही देख सकता है। लेकिन दूरबीनों से आकाश में बहुत-से तारे देखे जा सकते हैं। ये सारे तारे एक योजना के सदस्य हैं। तारों की इस योजना को हम **आकाशगंगा** कहते हैं।

आकाशगंगा शब्द पुराना है। आकाश में तारों से भरा हुआ एक पट्टा दिखाई देता है। यह पट्टा नदी की तरह दिखाई देता है, इसलिए इसे आकाशगंगा नाम दिया गया था। दरअसल, आकाशगंगा नदी के आकार की नहीं है। यह एक विशाल पहिए के आकार की योजना है। इस आकाशगंगा में करीब 150 अरब तारे हैं। हमारा सूर्य इन 150 अरब तारों में से एक सामान्य तारा है।

आकाश के तारे हमसे बहुत दूर हैं। इसलिए आकाशगंगा भी बहुत बड़ी है। आकाशगंगा के आकार-प्रकार को किलोमीटरों में बताने में बड़ी कठिनाई होती है, इसलिए खगोलविदों ने एक नया पैमाना खोज निकाला है। यह है प्रकाश के वेग का पैमाना।

प्रकाश की किरणें एक निश्चित वेग से दौड़ती हैं। इस बात की जानकारी लगभग दो सौ साल पहले ही मिली है। गैलीलियो और न्यूटन जैसे महान वैज्ञानिक भी प्रकाश के वेग को नहीं जान पाए थे। पहली बार 1775 ई. में पृथ्वी से सूर्य की दूरी निर्धारित की गई। फिर 1776 में यूरोप के खगोलविद ओले रोमर ने प्रकाश का वेग निर्धारित किया। आगे के सौ साल में अनेक वैज्ञानिकों ने प्रकाश के वेग के बारे में नए आँकड़े प्राप्त किए।

आज हम जानते हैं कि प्रकाश-किरणों का वेग प्रति सेकंड लगभग 3,00,000 किलोमीटर है। वर्तमान सदी के महान वैज्ञानिक अल्बर्ट आइंस्टाइन (1879-1955) ने हमें यह जानकारी भी दी है कि प्रकाश का वेग ही इस विश्व में महत्तम वेग है। अतः प्रकाश के वेग के पैमाने से हम आकाश के तारों की दूरियाँ माप सकते हैं।

पृथ्वी से चंद्र की औसत दूरी 3,84,400 किलोमीटर है। रेडियो-तरंगें भी प्रकाश के वेग से ही दौड़ती हैं। इसलिए पृथ्वी से भेजी गई रेडियो-तरंगें 1.28 सेकंड बाद चंद्रमा की सतह पर पहुँच जाती हैं। अतः हम कह सकते हैं कि हमारा यह पड़ोसी पिंड हमसे 1.28 सेकंड दूर है।

हम हिसाब लगा सकते हैं कि यदि प्रकाश की किरणें एक सेकंड में 3,00,000 किलोमीटर दौड़ती हैं, तो एक वर्ष में वे कितनी दूरी तक पहुँचेंगी। खगोल-विज्ञान में इस दूरी को 'प्रकाश-वर्ष' कहते हैं। एक प्रकाश-वर्ष लगभग 94,60,00,00,00,000 किलोमीटर के बराबर होता है।

सूर्य हमसे करीब 15 करोड़ किलोमीटर दूर है। प्रकाश की किरणें लगभग आठ मिनटों में इतनी दूरी तय करती हैं। सूर्य की सतह से निकली हुई प्रकाश की किरणें आठ मिनट बाद ही धरती पर पहुँचती हैं। इसलिए हम कहते हैं कि सूर्य हमसे करीब आठ मिनट दूर है। सौर-मंडल का अंतिम ग्रह प्लूटो सूर्य से लगभग साढ़े पाँच प्रकाश-घंटे दूर है।

अब हम तारों की दूरियों पर विचार करेंगे। आकाश के सबसे नज़दीक के तारे को खगोलविद **प्रोक्सिमा-सेंटौरी** के नाम से जानते हैं। यह तारा हमसे 4.3 प्रकाश-वर्ष दूर है। इसका अर्थ यह हुआ कि सबसे नज़दीक के इस तारे का प्रकाश करीब चार साल के बाद ही हमारी पृथ्वी पर पहुँचता है।

आकाश का सबसे चमकीला व्याध या लुब्धक तारा हमसे करीब 9 प्रकाश-वर्ष दूर है। आकाश के दूसरे तारे हमसे सैकड़ों प्रकाश-वर्ष दूर हैं। हम बता ही चुके हैं कि ये सारे तारे आकाशगंगा के सदस्य हैं। आकाशगंगा में करीब 150 अरब तारे हैं।

पहिए के आकार की यह आकाशगंगा एक सिरे से दूसरे सिरे तक लगभग एक लाख प्रकाश-वर्ष चौड़ी है। केंद्रभाग में इसकी मोटाई लगभग 20 हज़ार प्रकाश-वर्ष है। इतनी विशाल है हमारी यह आकाशगंगा। खगोल-विज्ञान की भाषा में तारों की ऐसी योजना को 'मंदाकिनी' कहते हैं। आकाशगंगा एक मंदाकिनी है।

हमारा सूर्य आकाशगंगा के केंद्र में स्थित नहीं है। यह आकाशगंगा के केंद्र से 30 हज़ार प्रकाश-वर्ष दूर है, इसकी बाहरी सीमाओं में।

आकाशगंगा पहिए के आकार की है और हमारा सूर्य (इसके साथ हम भी) इसके किनारे पर हैं, इसीलिए आकाशगंगा-मंदाकिनी हमें एक पट्टे के रूप में दिखाई देती है।

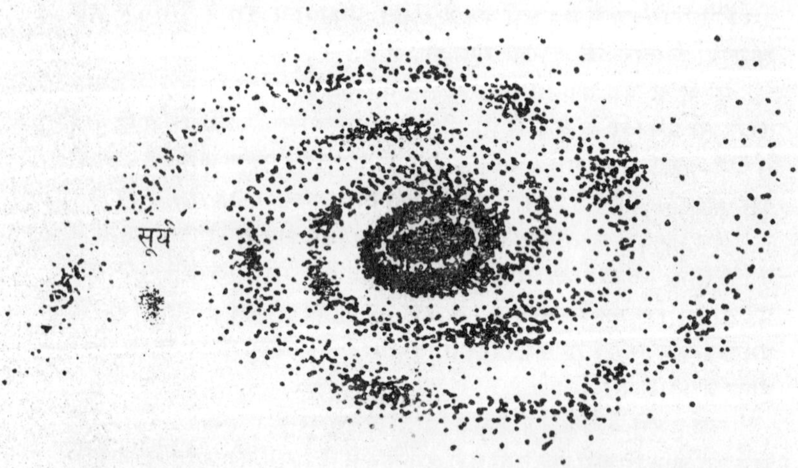

हमारी आकाशगंगा पहिए के आकार की एक विशाल सर्पिल मंदाकिनी है। इसका व्यास 1,00,000 प्रकाश-वर्ष है और इसमें करीब 150 अरब तारे हैं। हमारा सूर्य-तारा इसके केंद्रभाग से करीब 30 हजार प्रकाश-वर्ष दूर है।

इस विश्व में कोई भी वस्तु स्थिर नहीं है। आकाशगंगा भी घूमती है और इसके तारे, सौर-मंडल के ग्रहों की तरह, इसके केंद्रभाग की परिक्रमा करते रहते हैं। हमारा सूर्य भी आकाशगंगा के केंद्रभाग की परिक्रमा करता है। यह 220 किलोमीटर प्रति सेकंड की गति से लगभग 25 करोड़ वर्षों में आकाशगंगा की एक परिक्रमा पूरी करता है। जाहिर है कि सूर्य के साथ पूरा सौर-मंडल (जिसमें हमारी पृथ्वी भी है) आकाशगंगा की परिक्रमा करता रहता है। स्मरण रहे कि इस पृथ्वी पर अधिक-से-अधिक बीस लाख साल पहले मानव ने जन्म लिया। इसका अर्थ यह हुआ कि मानव के संपूर्ण इतिहास में सूर्य ने अभी आकाशगंगा का एक पूरा चक्कर भी नहीं लगाया है!

उपर्युक्त जानकारी से स्पष्ट होता है कि हमारा सूर्य आकाशगंगा का एक सामान्य तारा है। हम बता चुके हैं कि आकाशगंगा एक मंदाकिनी है। लेकिन विश्व में सिर्फ यही एक मंदाकिनी नहीं है। बीसवीं सदी के खगोलविदों ने ब्रह्मांड में ऐसी और इससे कुछ भिन्न अरबों मंदाकिनियाँ खोजी हैं। उन अन्य मंदाकिनियों में भी अरबों तारे हैं।

हमारी आकाशगंगा-मंदाकिनी के बाहर सबसे नज़दीक की मंदाकिनी देवयानी नक्षत्र-मंडल में दिखाई देती है, इसलिए उसे **देवयानी-मंदाकिनी** कहते हैं। यह देवयानी-मंदाकिनी हमारी आकाशगंगा से कुछ बड़ी है। उसमें भी अरबों तारे हैं। देवयानी-मंदाकिनी हमसे 20 लाख प्रकाश-वर्ष दूर है। इसका अर्थ यह हुआ कि धरती पर देवयानी-मंदाकिनी के जिस प्रकाश को आज हम देख रहे हैं वह उस मंदाकिनी से 20 लाख वर्ष पहले निकला था। जिस समय यह प्रकाश देवयानी-मंदाकिनी से निकला, उस समय हमारी पृथ्वी पर मानव का कोई नाम-निशान भी नहीं था!

हमारे इस विश्व में अरबों मंदाकिनियाँ हैं। बहुत-सी मंदाकिनियों के चित्र उतारे गए हैं। सबसे दूर की जिन मंदाकिनियों के चित्र उतारे गए हैं, वे हमसे छह-सात अरब प्रकाश-वर्ष दूर हैं। पिछले कुछ वर्षों में 'क्वासर' नामक कुछ ऐसे तेजोमय पिंडों के बारे में जानकारी मिली है जो हमसे 10-12 अरब प्रकाश-वर्ष दूर हैं। इससे हम इस नतीजे पर पहुँचते हैं कि हमारा यह विश्व कम-से-कम 10-12 अरब साल पुराना तो है ही। आधुनिक अनुसंधानों से जानकारी मिली है कि हमारे विश्व की आयु लगभग 20 अरब वर्ष है।

इस प्रकार, हमने देखा है कि केवल हमारी आकाशगंगा-मंदाकिनी में ही 150 अरब तारे हैं। हमारे इस विश्व में ऐसी अरबों मंदाकिनियाँ हैं। अतः पूरे ब्रह्मांड में कितने तारे होंगे, इसकी सहज ही कल्पना की जा सकती है। इन अनगिनत तारों में हमारा सूर्य एक सामान्य तारा है।

हमारे सूर्य का एक परिवार है। इसके इर्द-गिर्द नौ प्रमुख ग्रह परिक्रमा करते हैं। इनमें से एक ग्रह पर हमारा निवास है। विश्व के अनेक अन्य तारों के भी अपने ग्रह-मंडल हैं। उन ग्रहों में करोड़ों ग्रह हमारी पृथ्वी-जैसे होंगे। उन ग्रहों पर भी पृथ्वी जैसे जीवजगत का प्रादुर्भाव एवं विकास हुआ होगा। उनमें से अनेक ग्रहों पर हमसे भी अधिक विकसित प्राणियों का अस्तित्व हो सकता है। अतः यह सिद्ध होता है कि इतने विशाल विश्व में हमारा सूर्य-तारा कोई खास महत्त्व नहीं रखता। हमारी दृष्टि से ही इस तारे का महत्त्व है।

हमारी आकाशगंगा-मंदाकिनी के तारों में भी यह सूर्य-तारा कोई विशेष महत्त्व नहीं रखता। हमने देखा है कि यह आकाशगंगा के केंद्रीय भाग में नहीं है। आकाशगंगा के अनेक तारे हमारे सूर्य से काफ़ी बड़े हैं। कुछ तारे हमारे सूर्य से छोटे भी हैं। हमारी पृथ्वी का व्यास लगभग 12,425 किलोमीटर है। सूर्य का व्यास पृथ्वी के व्यास से 109 गुना अधिक है। हमारा सूर्य इतना बड़ा है कि इसमें पृथ्वी के आकार के 13

लाख पिंड समा सकते हैं।

लेकिन आकाशगंगा-मंदाकिनी के अनेक तारे हमारे सूर्य से भी कई गुना बड़े हैं। मृग नक्षत्र-मंडल के आर्द्रा तारे पर विचार कीजिए। यह तारा हमसे 500 प्रकाश-वर्ष दूर है। आर्द्रा तारे का व्यास सूर्य के व्यास से 350 गुना अधिक है। सबसे पहले 1920 में इसी तारे का व्यास मालूम किया गया था।

वृश्चिक नक्षत्र-मंडल का चमकीला ज्येष्ठा तारा हमसे 400 प्रकाश-वर्ष दूर है। यह तारा इतना बड़ा है कि इसमें सूर्य और हमारी पृथ्वी की पूरी कक्षा समा सकती है। पृथ्वी की कक्षा का व्यास 30 करोड़ किलोमीटर है, जब कि ज्येष्ठा तारे का व्यास 45 करोड़ किलोमीटर है।

आकाशगंगा के कुछ तारे हमारे सूर्य से छोटे भी हैं। आकाश का सबसे चमकीला तारा व्याध (लुब्धक) है। यह हमसे करीब 9 प्रकाश-वर्ष दूर है और इसका व्यास सूर्य के व्यास के करीब दुगुना है। लेकिन इस व्याध तारे के इर्द-गिर्द एक छोटा तारा चक्कर काटता है। व्याध के इस साथी-तारे का व्यास सिर्फ 40 हज़ार किलोमीटर है। इस प्रकार यह तारा बृहस्पति या शनि ग्रहों से भी छोटा है। लेकिन इसका भार लगभग हमारे सूर्य के बराबर ही है। कारण यह है कि इस तारे की द्रव्यराशि का औसत घनत्व बहुत अधिक है, सीसे के घनत्व से भी 5000 गुना अधिक!

आकाशगंगा का कोई तारा यदि बहुत बड़ा है तो यह जरूरी नहीं कि उसमें द्रव्यराशि भी बहुत अधिक हो। दरअसल, बड़े तारों की और छोटे तारों की द्रव्यराशियों में बहुत अधिक अंतर नहीं है। कारण यह है कि बड़े तारों के द्रव्य का घनत्व बहुत कम होता है और छोटे तारों का घनत्व बहुत अधिक। उदाहरण के लिए, रोहिणी तारे (दूरी 53 प्रकाश-वर्ष) का व्यास सूर्य के व्यास से 60 गुना अधिक है, परंतु द्रव्यमान की दृष्टि से यह सिर्फ 4 गुना भारी है। कारण यह है कि हमारे सूर्य की द्रव्यराशि का औसत घनत्व 1.4 है (पानी का घनत्व 1 माना जाता है), लेकिन रोहिणी तारे की द्रव्यराशि का औसत घनत्व सिर्फ 0.00002 है!

दूसरी ओर, व्याध तारे के इर्द-गिर्द घूमनेवाला तारा हमारे सूर्य से बहुत छोटा है, परंतु भार में यह सूर्य के लगभग बराबर है। कारण यह है कि इस तारे की द्रव्यराशि का औसत घनत्व 27 है। कुछ तारों की द्रव्यराशि का घनत्व इससे भी बहुत अधिक है। ऐसे अति सघन छोटे तारों को **श्वेत वामन** कहते हैं।

तापमान की दृष्टि से भी हमारा सूर्य विशेष तारा नहीं है। सूर्य की सतह का तापमान लगभग 6000° सेंटीग्रेड है। हमारा सूर्य पीले रंग का

एक छोटा तारा है। नीले रंग के तारों का सतह तापमान 10 से 30 हज़ार डिग्री सेंटीग्रेड तक होता है। कुछ तारों का सतह तापमान एक लाख डिग्री सेंटीग्रेड तक होता है। सबसे ठंडे तारे लाल रंग के होते हैं। इनका सतह तापमान 2000° सेंटीग्रेड के आसपास होता है।

तारों के केंद्रभाग में तापमान बहुत ऊँचा होता है, क्योंकि तारों की भट्ठी उनके केंद्रभाग में ही होती है। इसी केंद्रीय भट्ठी में तारे का द्रव्य, अति उच्च तापमान पर, ऊर्जा में बदलता रहता है। हमारे सूर्य के केंद्र में तापमान लगभग दो करोड़ डिग्री सेंटीग्रेड है। आकाशगंगा के कई तारों के केंद्रभाग में हज़ारों गुना अधिक तापमान होता है। अतः तापमान की दृष्टि से भी हमारा सूर्य एक सामान्य तारा है।

कुछ तारों के इर्द-गिर्द दूसरे छोटे तारे चक्कर काटते हैं। हमने देखा है कि व्याध तारे के इर्द-गिर्द एक अन्य छोटा तारा चक्कर लगाता है। ऐसे तारों को **युग्म-तारे** कहते हैं। कभी-कभी तीन या अधिक तारे भी मिलकर एक-दूसरे की परिक्रमा करते रहते हैं। हमारी आकाशगंगा-मंदाकिनी में तारों के ऐसे अनेक जोड़े हैं। लेकिन हमारे सूर्य का कोई साथी-तारा नहीं है।

तारों की और भी अनेक विशेषताएँ हैं। उनकी जानकारी मैंने एक अलग पुस्तक में दी है।[1] यहाँ मुझे यही बताना था कि सूर्य आकाशगंगा का एक सामान्य तारा है। सौरमंडल भी इसकी विशेषता नहीं है। दूसरे तारों के भी अपने परिवार हैं। उन तारों के ग्रहों पर भी जीवन का प्रादुर्भाव एवं विकास अवश्य हुआ होगा।

सूर्य के विभिन्न पहलुओं पर विचार करते समय तारों के बारे में भी जानकारी दी जाएगी। यहाँ हमने सिर्फ यही जाना कि हमारा सूर्य एक सामान्य तारा है। लेकिन इसी तारे का हमारे लिए सबसे अधिक महत्त्व है। इसलिए इसके बारे में हमें विशेष जानकारी प्राप्त करनी है।

---

1. देखिए, इसी पुस्तकमाला की मेरी **नक्षत्र-लोक** पुस्तक या मेरा **आकाश-दर्शन** ग्रंथ।

सूर्य का परिवार

हमारा सूर्य विश्व का एक सामान्य तारा है। लेकिन यह अकेला नहीं है। इसका एक परिवार है। सूर्य के इस परिवार में ग्रह हैं, उपग्रह हैं, लघुग्रह हैं, धूमकेतु हैं और बहुत सारे छोटे-छोटे पिंड तथा अनगिनत धूलि-कण हैं। सूर्य का गुरुत्त्वाकर्षण इन सभी पिंडों को बाँधे हुए है। छोटे-बड़े ये सभी पिंड सूर्य की परिक्रमा करते हैं। सूर्य इन सबका मुखिया है।

सौर-परिवार में अब तक नौ प्रमुख ग्रह खोजे गए हैं। इनके नाम हैं: बुध, शुक्र, पृथ्वी, मंगल, बृहस्पति, शनि, यूरेनस, नेपच्यून और प्लूटो। ये ग्रह क्रमशः अधिकाधिक दूरी पर सूर्य की परिक्रमा करते रहते हैं। पुराने ज़माने के ज्योतिषियों को शनि तक के ग्रहों का ज्ञान था। यूरेनस की खोज 1781 ई. में हुई, नेपच्यून की 1846 में हुई और प्लूटो ग्रह 1930 ई. में खोजा गया।

सौर-मंडल के इन नौ ग्रहों में बुध, शुक्र, पृथ्वी, मंगल तथा प्लूटो छोटे ग्रह हैं। बृहस्पति, शनि, यूरेनस और नेपच्यून बड़े ग्रह हैं। बृहस्पति सौर-मंडल का सबसे बड़ा ग्रह है। बृहस्पति हमारी पृथ्वी से 1300 गुना बड़ा और 318 गुना भारी है। बुध, शुक्र, मंगल तथा प्लूटो हमारी पृथ्वी से छोटे हैं।

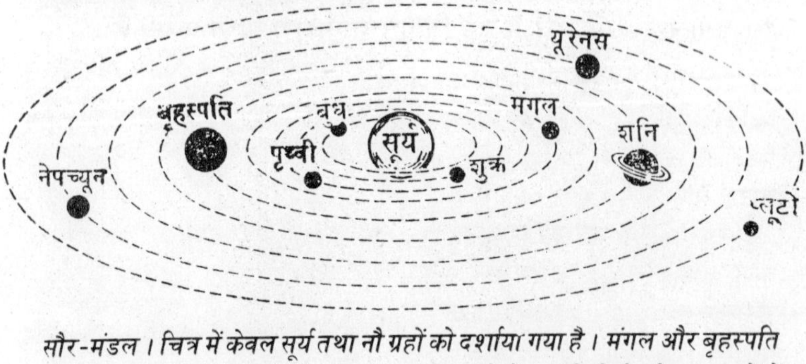

सौर-मंडल। चित्र में केवल सूर्य तथा नौ ग्रहों को दर्शाया गया है। मंगल और बृहस्पति की कक्षाओं के बीच में हजारों लघुग्रह चक्कर काटते हैं। लंबी दीर्घवृत्तीय कक्षाओं में चक्कर लगाने वाले धूमकेतु भी सौर-परिवार के ही सदस्य हैं।

मंगल और बृहस्पति की कक्षाओं के बीच में 1800 ई. के बाद बहुत सारे छोटे-छोटे ग्रह खोजे गए। ये लघुग्रह हैं। सबसे बड़े लघुग्रह सीरेज़ का व्यास सिर्फ 768 किलोमीटर है। बहुत से लघुग्रह गेंद के आकार के भी हैं। इन सारे लघुग्रहों की द्रव्यराशि पृथ्वी के हजारवें हिस्से के बराबर भी नहीं होगी।

जो पिंड ग्रहों की परिक्रमा करते हैं उन्हें हम उपग्रह कहते हैं। हमारा चंद्रमा पृथ्वी का उपग्रह है। बुध और शुक्र का कोई उपग्रह नहीं है। मंगल के दो, बृहस्पति के 16, शनि के 18, यूरेनस के 15 और नेपच्यून के 4 उपग्रह (चंद्र) हैं। प्लूटो के 'कारन' नामक एक चंद्र की खोज 1978 ई. में हुई। इस प्रकार सौर-मंडल में अब तक करीब 60 उपग्रह खोजे जा चुके हैं। इनमें बृहस्पति का ग्यानीमेडे चंद्र सौर-मंडल का सबसे बड़ा उपग्रह है। यह बुध ग्रह से भी कुछ बड़ा है। ग्यानीमेडे का व्यास 5070 किलोमीटर है। हमारे चंद्र का व्यास 3473 किलोमीटर है। लेकिन ग्रहों के साथ उनके उपग्रहों की तुलना करके देखा जाए तो हमारा चंद्रमा सौर-मंडल का एक विशेष उपग्रह है।

इनके अलावा, हमारे सौर-परिवार में कुछ ऐसे पिंड भी हैं जिन्हें हम धूमकेतु कहते हैं। ये धूमकेतु अधिक अंडाकार कक्षाओं में सूर्य की परिक्रमा करते हैं। कुछ धूमकेतु सिर्फ पाँच-छह साल में ही सूर्य का एक चक्कर लगा लेते हैं; लेकिन कुछ धूमकेतुओं को सूर्य का एक चक्कर लगाने में सैकड़ों और हज़ारों साल लगते हैं। हेली का प्रसिद्ध धूमकेतु नेपच्यून की कक्षा के परे जाकर पुनः सूर्य के पास आता है। यह करीब 76 सालों में सूर्य का एक चक्कर लगाता है। कई धूमकेतु प्लूटो के परे के अंतरिक्ष में जाकर लौटते हैं।

ये धूमकेतु बर्फ बनी हुई गैसों तथा छोटे-छोटे टुकड़ों के मेल से बने होते हैं। जब ये पिंड सूर्य के समीप पहुँचते हैं तो सूर्य के विकिरण से इनकी गैसें पिघलकर चमकने लगती हैं। सूर्य के विकिरण के दाब से इन गैसों का धुआँ सूर्य की विपरीत दिशा में लाखों-करोड़ों किलोमीटर दूर तक फैल जाता है। इनकी इसी लंबी पूँछ के कारण इन्हें धूमकेतु या 'पुच्छल तारा' कहते हैं।

रात के आकाश में हम उल्काओं को देखते हैं। द्रव्य के छोटे-छोटे कण जब पृथ्वी के वायुमंडल में प्रवेश करते हैं तो घर्षण के कारण वे चमकने लगते हैं। अधिकांश उल्काएँ वायुमंडल में ही नष्ट हो जाती हैं। कभी-कभी जो पिंड धरती पर पहुँच जाते हैं उन्हें हम उल्काश्म या उल्कापिंड कहते हैं।

इनके अलावा, हमारे सौर-मंडल में अनगिनत धूलि-कण हैं।

द्रव्य-रहित अंतरिक्ष नाम की कोई चीज़ नहीं है। प्रकाश की किरणें तथा अन्य किस्म का विकिरण भी एक प्रकार से द्रव्य ही है। द्रव्य-रहित 'शून्य आकाश' का कोई अस्तित्व नहीं है। संपूर्ण सौर-मंडल द्रव्य से व्याप्त है। इन सबका मुखिया है सूर्य।

अब हमें यह जानना है कि सूर्य कितना बड़ा है। हमारी पृथ्वी का भार करीब 66,00,00,00,00,000 टन है। सूर्य हमारी पृथ्वी से लगभग 13,00,000 गुना बड़ा और 3,30,000 गुना भारी है।

यदि हम सौर-मंडल के सारे ग्रहों, उपग्रहों, लघुग्रहों तथा अन्य छोटे-बड़े पिंडों को जोड़ते हैं, तो उनकी संपूर्ण द्रव्यराशि सूर्य की द्रव्यराशि के सौवें हिस्से के बराबर भी नहीं होगी। इतना बड़ा है सूर्य। संपूर्ण सौर-मंडल की 99.87 प्रतिशत द्रव्यराशि अकेले सूर्य में समाई हुई है!

सौर-मंडल की कुछ विशेषताएँ हैं। सौर-मंडल के सारे ग्रह लगभग एक समतल में सूर्य की परिक्रमा करते हैं। इसीलिए ये ग्रह हमें आकाश के एक सीमित पट्टे में चलते दिखाई देते हैं। इस पट्टे को क्रांतिवृत्त या रविमार्ग कहते हैं। पुराने ज्योतिषियों ने क्रांतिवृत्त की ज्योतियों का अच्छा अध्ययन किया था और इसे 27 (या 28) नक्षत्रों में अथवा 12 राशियों में बाँटा था।

सारे ग्रह एक ही दिशा में सूर्य की परिक्रमा करते हैं। उत्तरी ध्रुव की ओर बहुत ऊपर जाकर सौर-मंडल को देखना संभव हो तो सौर-मंडल के ग्रह हमें घड़ी की सुइयों की उलटी दिशा में सूर्य की परिक्रमा करते दिखाई देंगे।

सौर-मंडल के सारे ग्रह अपनी धुरियों पर चक्कर लगाते हैं। ये ग्रह उसी दिशा में धुरी पर चक्कर लगाते हैं जिस दिशा में ये सूर्य की परिक्रमा करते हैं। ग्रहों की धुरियाँ ग्रहों के समतल के साथ भिन्न-भिन्न कोण बनाती हैं। हमारी पृथ्वी की धुरी ग्रहों के समतल के साथ 66^0 का कोण बनाती है। बृहस्पति की धुरी 87° का कोण बनाती है। पर यूरेनस ग्रह की धुरी लगभग ग्रहों के समतल में ही है। इसलिए पृथ्वी से यूरेनस ग्रह हमें अपनी धुरी पर उल्टी दिशा में चक्कर काटता दिखाई देता है।

उपग्रह भी अपने ग्रहों की उसी दिशा में परिक्रमा करते हैं, जिस दिशा में ग्रह सूर्य की परिक्रमा करते हैं। कुछ अपवाद भी हैं। बृहस्पति और शनि के कुछ चंद्र उल्टी दिशा में परिक्रमा करते हैं। यूरेनस की धुरी ग्रहों के समतल में है, इसलिए उसके चंद्र भी हमें उल्टी दिशा में चक्कर काटते दिखाई देते हैं।

धूमकेतु ग्रहों के समतल में चक्कर नहीं लगाते। वे मनमाने ढंग से

विभिन्न कक्षाओं में सूर्य की परिक्रमा करते रहते हैं। प्लेटो (अफलातून) ने कहा था कि सारे ग्रह ठीक वृत्ताकार कक्षाओं में परिक्रमा करते हैं। पर आज हम जानते हैं कि कोई भी ग्रह या उपग्रह ठीक वृत्ताकार कक्षा में परिक्रमा नहीं करता। ये सारे पिंड दीर्घवृत्ताकार कक्षाओं में परिक्रमा करते हैं। पहली बार केपलर (1571-1630) ने हमें इस नियम की जानकारी दी थी।

केपलर ने हमें यह भी जानकारी दी कि सूर्य इस दीर्घवृत्त के केंद्र में नहीं, बल्कि इसकी एक नाभि पर स्थित रहता है। इसलिए सूर्य की परिक्रमा करनेवाला ग्रह कभी सूर्य के कुछ अधिक नज़दीक रहता है, तो कभी कुछ अधिक दूर। पृथ्वी को ही लीजिए। सुविधा के लिए ही हम कहते हैं कि पृथ्वी एक वृत्त में सूर्य की परिक्रमा करती है। दरअसल, यह एक दीर्घवृत्त में अर्थात् कुछ अंडाकार कक्षा में सूर्य की परिक्रमा करती है।

धूमकेतु जब सूर्य के समीप पहुँचता है।

जुलाई महीने के आरंभ में सूर्य और पृथ्वी के बीच महत्तम दूरी होती है। तब सूर्य से पृथ्वी की दूरी 15,20,00,000 किलोमीटर होती है और इसकी कक्षा-गति होती है प्रति सेकंड 29.27 किलोमीटर। जनवरी महीने के आरंभ में सूर्य और पृथ्वी के बीच न्यूनतम दूरी 14,70,00,000 किलोमीटर रहती है और तब इसकी कक्षा-गति होती है प्रति सेकंड 30.27 किलोमीटर। इससे स्पष्ट होता है कि जब सौर-मंडल का कोई पिंड सूर्य के समीप होता है तो उसकी गति तेज़ हो जाती है। न्यूनतम और महत्तम दूरियों को जोड़कर तथा दो से भाग देकर हम औसत दूरी प्राप्त करते हैं। सूर्य से पृथ्वी की औसत दूरी 14,95,00,000 किलोमीटर है।

संक्षेप में हम कह सकते हैं कि सूर्य हमसे करीब 15 करोड़ किलोमीटर दूर है।

एक ग्रह से दूसरे ग्रह की दूरी मालूम हो जाए तो केपलर के नियम से हम सूर्य से उस ग्रह की दूरी मालूम कर सकते हैं। फ्रांसीसी वैज्ञानिकों ने 1675 ई. के आसपास पहली बार पृथ्वी की परिधि की गणना की। फिर उन्होंने पृथ्वी के दो स्थलों के अंतर को आधार-रेखा मानकर मंगल ग्रह की दूरी ज्ञात की। मंगल की दूरी मालूम हो जाने पर, केपलर के नियम से, सूर्य के इर्द-गिर्द पृथ्वी की कक्षा निर्धारित की जा सकती है। इस प्रकार अंत में सूर्य से पृथ्वी की दूरी मालूम की जा सकती है।

सूर्य से पृथ्वी की दूरी का खगोल-विज्ञान में विशेष महत्त्व है। फ्रांसीसी खगोलविदों ने जो दूरी प्राप्त की थी, वह सही नहीं थी। बाद में अन्य विधियों से सूर्य-पृथ्वी दूरी के लिए अधिक सूक्ष्म आँकड़े प्राप्त किए गए। सूर्य से एक ग्रह की दूरी ज्ञात हो जाने पर, केपलर के नियमों से, दूसरे ग्रहों की दूरियाँ मालूम की जा सकती हैं। इसीलिए सूर्य से पृथ्वी की दूरी का महत्त्व है। खगोलविदों ने इस सूर्य-पृथ्वी दूरी को 'खगोलीय इकाई' का नाम दिया है।

केपलर के बाद न्यूटन ने गुरुत्वाकर्षण का सिद्धांत स्थापित किया। इस सिद्धांत के अनुसार, विश्व की हर वस्तु हर दूसरी वस्तु को आकर्षित करती है। सूर्य बहुत बड़ा है, इसलिए सौर-मंडल के अन्य पिंड उसकी परिक्रमा करते रहते हैं। यदि पृथ्वी की द्रव्यराशि मालूम हो तो सूर्य की द्रव्यराशि की भी गणना की जा सकती है। इसी प्रकार सौर-मंडल के अन्य पिंडों के द्रव्यमान मालूम किए जा सकते हैं। हम बता चुके हैं कि सूर्य पृथ्वी से 3,30,000 गुना भारी है।

किसी पिंड का व्यास मालूम हो जाए तो फिर उसकी सतह का क्षेत्रफल या उसका पूरा आयतन मालूम किया जा सकता है। आयतन और कुल द्रव्यराशि मालूम हो तो हम उस पिंड का औसत घनत्व मालूम कर सकते हैं। 4° सेंटीग्रेड तापमान पर एक घन-सेंटीमीटर पानी का भार एक ग्राम होता है। इस तरह पानी के घनत्व को 1 माना जाता है। दूसरे पदार्थों या पिंड के घनत्व पानी के घनत्व के अनुपात में बताए जाते हैं।

पृथ्वी की द्रव्यराशि का घनत्व एक-सा नहीं है। इसकी सतह के द्रव्य का घनत्व कम है, लेकिन इसके केंद्रभाग के द्रव्य का घनत्व अधिक है। इसलिए पृथ्वी के पूरे आयतन से हम इसका औसत घनत्व मालूम करते हैं। पृथ्वी की द्रव्यराशि का औसत घनत्व 5.5 है; अर्थात्, पानी के घनत्व से साढ़े पाँच गुना अधिक।

सूर्य की द्रव्यराशि का औसत घनत्व सिर्फ 1.4 है। सूर्य का औसत घनत्व पृथ्वी के औसत घनत्व से काफ़ी कम है, इसलिए सूर्य पृथ्वी से 13,00,000 गुना बड़ा होने पर भी सिर्फ 330 हज़ार गुना भारी है।

लेकिन इसका यह अर्थ नहीं है कि सूर्य के सभी भागों में इसकी द्रव्यराशि का घनत्व 1.4 ही है। सूर्य की बाहरी सीमाओं में इसके द्रव्य का घनत्व 1.4 से कम है। लेकिन सूर्य के केंद्रभाग में इसके द्रव्य का घनत्व 100 के लगभग है। सूर्य के केंद्रभाग में इतने ऊँचे घनत्व के कई कारण हैं। इन कारणों पर हम आगे विचार करेंगे।

जिस प्रकार सूर्य का औसत घनत्व पृथ्वी के औसत घनत्व से काफ़ी कम है, उसी प्रकार सौर-मंडल के बृहस्पति, शनि, यूरेनस तथा नेपच्यून जैसे बड़े ग्रहों का औसत घनत्व भी काफ़ी कम है। शनि का औसत घनत्व सिर्फ 0.8 है, पानी के घनत्व से भी कम। किसी विशाल सागर में शनि ग्रह को छोड़ना संभव हो (शनि पृथ्वी से 750 गुना बड़ा और 95 गुना भारी है) तो यह उसमें तैरने लग जाएगा! लेकिन इसका अर्थ यह नहीं है कि पूरा शनि ग्रह पानी से भी अधिक तरल एवं हल्के द्रव्य से बना है। दरअसल, शनि की ठोस गुठली छोटी है और अधिक घनी है। इस ग्रह का अधिकांश ऊपरी भाग तरल द्रव्य से बना है और इसका विशाल वायुमंडल हल्की गैसों से बना है।

सौर-मंडल के अंतिम ग्रह प्लूटो का घनत्व शायद बहुत अधिक है। कुछ खगोलविदों की गणना के अनुसार, प्लूटो का घनत्व 50 से कम नहीं होना चाहिए। पर निश्चित रूप से अभी कुछ नहीं कहा जा सकता। अभी भी प्लूटो के बारे में हम कई बातें नहीं जानते। सौर-मंडल के शेष सभी ग्रहों का औसत घनत्व पृथ्वी के औसत घनत्व से कम है।

दूसरे प्रकरण में हमने बताया है कि सूर्य और तारों के बारे में यूनान के महान दार्शनिक क्या सोचते थे। अरस्तू का कहना था कि पृथ्वी का द्रव्य 'अपवित्र' है और सूर्य तथा तारों का द्रव्य 'पवित्र' है। लेकिन आधुनिक विज्ञान ने सिद्ध कर दिया है कि पृथ्वी के द्रव्य में और तारों के द्रव्य में कोई अंतर नहीं है। जो मूलतत्त्व पृथ्वी के द्रव्य में मौजूद हैं, वे ही तत्त्व, कम-अधिक मात्रा में, सूर्य तथा दूसरे तारों में भी मौजूद हैं। सभी तारे उन्हीं परमाणुओं से बने हैं जिन परमाणुओं के मेल से हमारी पृथ्वी का द्रव्य बना है।

हमारी पृथ्वी का सारा द्रव्य 92 स्थायी तत्त्वों के मेल-जोल से बना है। इनमें से करीब 70 तत्त्व सूर्य में भी खोजे गए हैं। यह भी पता चला है कि सूर्य की द्रव्यराशि में हाइड्रोजन की मात्रा सर्वाधिक है। सूर्य की

द्रव्यराशि का दूसरा प्रमुख तत्त्व हीलियम है। शेष तत्त्व अल्पमात्रा में मौजूद हैं।

हम जानते हैं कि हाइड्रोजन का परमाणु सबसे सरल एवं हल्का होता है। अति उच्च तापमान पर हाइड्रोजन के परमाणुओं के नाभिक आपस में मिलकर हीलियम के नाभिकों में रूपांतरित हो जाते हैं। इस प्रक्रिया में कुछ द्रव्य ऊर्जा में बदल जाता है। सूर्य की भीषण ऊर्जा इसी प्रकार जन्म लेती है। यह ऊर्जा ठीक किस प्रकार पैदा होती है, इसकी विस्तृत जानकारी हम आगे देंगे।

सूर्य इतना बड़ा है, लेकिन यह ठोस नहीं है। सूर्य को हमें गैसों का एक विशाल गोला ही मानना चाहिए। सूर्य के केंद्रभाग में द्रव्य का घनत्व 100 है, तब भी उस द्रव्य को हमें गैस ही मानना होगा। दरअसल, सूर्य तथा अन्य तारों के केंद्रभाग का द्रव्य एक विशेष स्थिति में होता है। ऐसे द्रव्य को हम 'प्लाज्मा' कहते हैं। सभी जानते हैं कि द्रव्य मुख्यतः तीन स्थितियों में पाया जाता है—गैस, द्रव तथा ठोस। 'प्लाज्मा' द्रव्य की चौथी स्थिति है। इस प्लाज्मा के बारे में अधिक जानकारी हम आगे देंगे।

अब तक सूर्य, सौर-मंडल तथा तारों के बारे में हमने मोटी-मोटी बातें जानीं। लेकिन अब सूर्य के बारे में विस्तृत एवं ठोस जानकारी प्राप्त करने के लिए सबसे पहले हमें प्रकाश-किरणों के बारे में कुछ प्रमुख बातें जानना आवश्यक हो जाता है।

सूर्य तथा तारों के समीप हम पहुँच नहीं सकते। लेकिन कोई हर्ज नहीं। सूर्य तथा तारे ही हमारे पास पहुँचते हैं, अपनी किरणों के रूप में। सूर्य तथा तारों के बारे में सारी जानकारी किरणों पर सवार होकर स्वयं हम तक पहुँचती रहती है। इन किरणों का अध्ययन करके ही वैज्ञानिकों ने सूर्य के बारे में सारी जानकारी प्राप्त की है। इसीलिए किरणों के प्रमुख गुणधर्मों को समझना अत्यंत ज़रूरी हो जाता है।

हमारी आँखें केवल प्रकाश की किरणों को ही ग्रहण कर सकती हैं। पर प्रकाश की किरणों के अलावा अन्य प्रकार की अदृश्य किरणें भी हैं। इनको ग्रहण करने तथा इनका विश्लेषण करने के लिए आधुनिक विज्ञान ने कई प्रकार के यंत्रों का निर्माण किया है। इसीलिए आधुनिक काल में सूर्य तथा तारों के बारे में हमें इतनी अधिक जानकारी मिल पाई है।

सूर्य कई प्रकार की किरणों का उत्सर्जन करता है। इन सभी किरणों को विकिरण कहते हैं। विकिरण के गुणधर्मों के बारे में ही हमें कुछ प्रमुख बातें जाननी हैं। इस जानकारी के बाद सूर्य के बारे में हम अधिक बातें जान सकते हैं।

किरणों की भाषा

हमारी आँखें ज्ञानेंद्रिय हैं। इन्हीं आँखों से हम भौतिक-जगत को देखते हैं। सूर्य तथा तारों को हम स्पर्श नहीं कर सकते, किंतु अपनी आँखों से हम उन्हें देख सकते हैं। दूर की ज्योतियों की किरणें लंबी यात्रा के बाद हमारी आँखों तक पहुँचती हैं। इन किरणों का अध्ययन करके ही हम दूर की ज्योतियों के बारे में जानकारी प्राप्त करते हैं।

अतः स्पष्ट है कि प्रकाश की इन किरणों को हम जितना अधिक समझ पाएँगे उतनी ही सूर्य तथा तारों के बारे में हमें अधिक जानकारी मिलेगी। प्रकाश-किरणों के अध्ययन का इतिहास वास्तव में आधुनिक ज्योतिष के विकास का इतिहास है। हमारे देश के कुछ लोग सोचते हैं कि पुराने ऋषि-मुनियों तथा ज्योतिषियों ने अपनी 'दिव्य दृष्टि' से सबकुछ जान लिया था। लेकिन सचाई यह है कि असली दिव्य दृष्टि की खोज आधुनिक काल के वैज्ञानिकों ने ही की है।

पुराने ज़माने के लोग काफ़ी हद तक आजकल के बच्चों और आदिवासियों की तरह थे। बच्चे कभी-कभी हथेलियों से अपनी आँखें ढक लेते हैं और सोचते हैं कि अब उन्हें कोई नहीं देख सकता! वे सोचते हैं, आँखें बंद कर लेने पर चारों ओर अँधेरा छा जाता है। वे सोचते हैं, आँखें खोलने से ही उजाला होता है। पुराने ज़माने के लोग भी कुछ-कुछ ऐसा ही सोचते थे। वे सोचते थे, प्रकाश का स्रोत आँखों में है। वे सोचते थे, ज्योति आँखों में है। अब भी हम अक्सर कहते हैं : उसकी आँखों की ज्योति चली गई; उसकी आँखों की रोशनी चली गई।

पुराने ज़माने के बड़े-बड़े विद्वान भी यही सोचते थे कि प्रकाश का स्रोत आँखों में है। प्लेटो ने अपनी एक पुस्तक में लिखा है : 'देवताओं ने सबसे पहले मनुष्य की आँखों का निर्माण किया, प्रकाश फैलाने के लिए।' यूक्लिड (300 ई.पू.) ने प्रकाश के बारे में एक पुस्तक लिखकर प्रतिपादित किया था कि प्रकाश का स्रोत आँखों में है। प्रायः सभी यूनानी वैज्ञानिक ऐसा ही सोचते थे। मध्ययुग तक प्रकाश के बारे में लोगों का

यही विचार था। फ्रांस के महान दार्शनिक-वैज्ञानिक रेने दकार्त (1596-1650 ई.) का भी यही मत था कि प्रकाश का स्रोत मनुष्य की आँखों में है!

आइज़क न्यूटन ने पहली बार हमें प्रकाश के बारे में सही जानकारी दी। गैलीलियो ने 1609 ई. में जिस प्रकार की दूरबीन बनाई थी, उसे हम वर्तन दूरबीन कहते हैं। इस प्रकार की दूरबीन में नलिका के सिरे पर लेंस स्थापित किया जाता है। न्यूटन ने एक नए किस्म की दूरबीन बनाई। इसे परावर्ती दूरबीन कहते हैं। इस दूरबीन में नलिका के निचले हिस्से में एक दर्पण स्थापित किया जाता है। इस दर्पण द्वारा परावर्तित किरणों को एक अन्य लेंस से मोड़कर देखा जाता है, इसीलिए ऐसी दूरबीन को परावर्ती दूरबीन कहते हैं।

वर्तन दूरबीनों से दूरस्थ ज्योतियों के स्पष्ट प्रतिबिंब प्राप्त नहीं होते थे, इसलिए न्यूटन ने नई किस्म की दूरबीनें बनाई थीं। यह एक महान खोज़ थी। लेकिन न्यूटन को संतोष नहीं हुआ। वे प्रकाश-किरणों के अध्ययन में जुट गए।

न्यूटन ने सूर्य के किरण-पुंज को एक प्रिज़्म में से गुजारा। सफेद प्रकाश सात रंगों में बँट गया। न्यूटन ने प्रयोग द्वारा यह भी जाना कि इनमें से किसी एक रंग के प्रकाश को पुनः प्रिज़्म में से गुजारा जाए तो यह नहीं बदलता। उन्होंने यह भी जाना कि सात रंगों के पट्टे वाले प्रकाश को पुनः प्रिज़्म की उल्टी दिशा से गुजारा जाए तो सफेद रंग का प्रकाश प्राप्त होता है।

इन प्रयोगों से न्यूटन इस परिणाम पर पहुँचे कि रंग या वर्ण वस्तुओं की विशेषता नहीं है। रंग प्रकाश का ही मौलिक गुण है। दरअसल, शुद्ध प्रकाश का कोई वर्ण नहीं होता। न्यूटन के प्रयोग से सिद्ध हो गया कि प्रकाश मूलतः विभिन्न रंगों का होता है, लेकिन हमारी आँखों की रचना ऐसी है कि वे सूर्य के प्रकाश को इन विभिन्न रंगों में ग्रहण नहीं कर सकतीं। मूलतः विभिन्न रंगों वाला यह प्रकाश विभिन्न वस्तुओं से परावर्तित होकर जब हमारी आँखों में पहुँचता है, तभी उन वस्तुओं को हम विभिन्न रंगों में देखते हैं। रंग वस्तुओं का गुण नहीं है। रंग प्रकाश का गुण है।

यह एक क्रांतिकारी खोज़ थी। यूरोप के देशों के आधे से भी अधिक वैज्ञानिक न्यूटन की इस खोज़ को स्वीकार करने के लिए तैयार नहीं थे। उन्होंने न्यूटन को चुनौती दी। न्यूटन ने जवाब दिया : "दूसरी अनेक परिकल्पनाओं का खंडन करके मैंने अपना सिद्धांत स्थापित नहीं किया है। मेरा सिद्धांत तार्किक नतीजों पर भी आधारित नहीं है। मेरा सिद्धांत इसलिए सही है कि यह ठोस प्रयोगों पर आधारित है। अतः सिर्फ

परिकल्पनाओं से मेरे सिद्धांत के खंडन का प्रयास निरर्थक है। केवल प्रयोगों से ही मेरे सिद्धांत को गलत सिद्ध किया जा सकता है।"

आइज़क न्यूटन (1642-1727 ई.)

न्यूटन का सिद्धांत सही था। न्यूटन ने ही सात रंगों के उस पट्टे को वर्णक्रम (स्पैक्ट्रम) का नाम दिया था। न्यूटन का मत था कि प्रकाश छोटी-छोटी कणिकाओं से बना है। दूसरे वैज्ञानिकों का मत था कि प्रकाश तरंगों से बना है। प्रकाश कणिकाओं से बना है या तरंगों से, यह विवाद न्यूटन के समय से चल रहा है और कुछ हद तक आज भी जारी है। प्रकाश दरअसल क्या है, इसकी जानकारी हम आगे देंगे। पहले हमें प्रकाश के वर्णक्रम के बारे में जानकारी प्राप्त करनी है।

गैलीलियो ने 1609 ई. में दूरबीन बनाई थी। न्यूटन ने एक नई किस्म की दूरबीन बनाई। बाद में बड़ी-बड़ी दूरबीनें बनीं। लेकिन ये सामान्य दूरबीनें भी उसी प्रकाश को ग्रहण करती हैं जिस प्रकाश को हमारी आँखें ग्रहण करती हैं। अंतर केवल इतना ही है कि इन सामान्य दूरबीनों से अधिक प्रकाश ग्रहण किया जाता है। इसलिए दूरबीन से देखने पर छोटे पिंड बड़े दिखाई देते हैं और इन दूरबीनों से हम उन मंद प्रकाशित तारों को भी देख सकते हैं जिन्हें आँखों से देख पाना संभव नहीं है।

सारांश यह है कि, सामान्य दूरबीनों से हमें आकाश के पिंडों की भौतिक परिस्थितियों के बारे में कोई जानकारी नहीं मिलती। गैलीलियो की दूरबीन चंद्र तथा ग्रहों को 30 गुना बड़ा करके दिखा सकती थी। बाद

में बड़ी दूरबीनें बनीं। लेकिन कोई भी दूरबीन तारों को बड़ा बनाकर दिखाने में समर्थ नहीं है। क्योंकि तारे हमसे बहुत दूर हैं। अठारहवीं सदी के अंत तक ऐसा कोई साधन नहीं खोजा गया था जिससे हमें आकाश के पिंडों की भौतिक परिस्थितियों के बारे में जानकारी मिल सके। लेकिन उन्नीसवीं सदी में आकाश के पिंडों की भौतिक परिस्थितियों को जानने के लिए नए साधन खोजे गए। इस प्रकार एक नया विज्ञान—ज्योतिर्भौतिकी या खगोल-भौतिकी—अस्तित्व में आया। न्यूटन द्वारा खोजे गए वर्णक्रम के विशेष अध्ययन से इस नए विज्ञान का उदय हुआ।

यूरोप के महान ज्योतिषी **विलियम हर्शेल** (1738-1822 ई.) ने 1781 में यूरेनस ग्रह की खोज की थी। हर्शेल ने आकाशगंगा के तारों के बारे में भी नई जानकारी प्राप्त की। न्यूटन द्वारा खोजे गए वर्णक्रम का अध्ययन करते हुए उन्होंने पता लगाया कि वर्णक्रम के लाल सिरे के परे अदृश्य किरणों का अस्तित्व है। उन्होंने प्रयोग द्वारा जाना कि लाल सिरे के परे रखी हुई वस्तुओं का तापमान बढ़ जाता है। इसका यह अर्थ हुआ कि वर्णक्रम के लाल सिरे के परे ऐसी किरणें हैं, जिन्हें हम देख नहीं सकते। हर्शेल ने इन अदृश्य किरणों को 'अवरक्त किरणें' नाम दिया। यह 1800 ई. की बात है।

एक अन्य वैज्ञानिक जार्ज स्ट्रोकेस ने 1852 ई. में खोज की कि वर्णक्रम के बैंगनी रंग की किरणों के परे भी अदृश्य किरणें हैं। उन्होंने इन्हें पराबैंगनी किरणों का नाम दिया। हमारी आँखें विकास के अंतर्गत ऐसी बनी हैं कि हम इन अदृश्य किरणों को नहीं देख सकते। हम वर्णक्रम के सिर्फ उन्हीं सात रंगोंवाले प्रकाश को देख सकते हैं जिनकी खोज न्यूटन ने की थी। आगे हम देखेंगे कि अवरक्त तथा पराबैंगनी सिरों के परे और भी कई प्रकार की किरणें हैं।

ज्योतिर्भौतिकी का आरंभ 1802 ई. में हुआ। उस साल वोल्लस्टोन ने सूर्य के वर्णक्रम में विभिन्न रंगों के बीच में काली रेखाएँ देखीं। इस घटना के करीब बारह साल बाद जोज़ेफ फ्रॉनहोफर (1787-1826) ने वर्णक्रम को विस्तृत करने के उद्देश्य से प्रिज़्म के साथ एक छोटी दूरबीन जोड़ दी। इस प्रकार सूर्य तथा तारों के अध्ययन के लिए एक नया साधन मिला। इस साधन को हम वर्णक्रमदर्शी कहते हैं। वर्णक्रमदर्शी से सूर्य के वर्णक्रम को प्राप्त करने पर फ्रॉनहोफर को जानकारी मिली कि इसमें विभिन्न मोटाई की बहुत सारी काली रेखाएँ हैं।

वर्णक्रम की इन रेखाओं को आज हम फ्रॉनहोफर रेखाएँ कहते हैं। फ्रॉनहोफर ने सूर्य, चंद्र, ग्रहों एवं तारों के वर्णक्रम प्राप्त किए और उनमें दिखाई देनेवाली रेखाओं का गहराई से अध्ययन किया। स्वयं फ्रॉनहोफर

अपनी इस खोज के महत्त्व को नहीं समझ पाए थे। लेकिन कुछ दशकों के बाद उनकी इस महान खोज का महत्त्व स्पष्ट हो गया। ये फ्रॉनहोफर रेखाएँ ही किरणों की भाषा हैं। आकाश के पिंडों की भौतिक परिस्थितियों के बारे में सारी जानकारी हमें इन्हीं फ्रॉनहोफर रेखाओं का अध्ययन करने से प्राप्त होती है।

जर्मन वैज्ञानिक किरचौफ़ (1824-87) ने 1859 ई. में सिद्ध किया कि वर्णक्रमों की फ्रॉनहोफर रेखाओं का और तत्त्वों का या तत्त्वों से बनी हुई वस्तुओं का गहरा संबंध है। अन्य शब्दों में, फ्रॉनहोफर रेखाओं का अध्ययन करके जाना जा सकता है कि ये किस प्रकार के द्रव्य से गुजर कर आई हैं। किरचौफ़ के एक प्रयोग पर विचार करने से यह बात स्पष्ट हो जाएगी। किरचौफ़ ने एक विशेष तत्त्व के द्रव्य को लेकर उसे जलाया। उससे एक विशेष वर्ण की ज्वाला निकली। उस रंगीन रोशनी की एक किरण को उन्होंने उसी द्रव्य के गैसीय धुएँ में से गुजारकर अंत में प्रिज़्म से पार किया। जो वर्णक्रम प्राप्त हुआ उसमें उन स्थानों पर काली रेखाएँ प्रकट हुईं जहाँ उस विशेष द्रव्य की रंगीन रेखाएँ होती हैं।

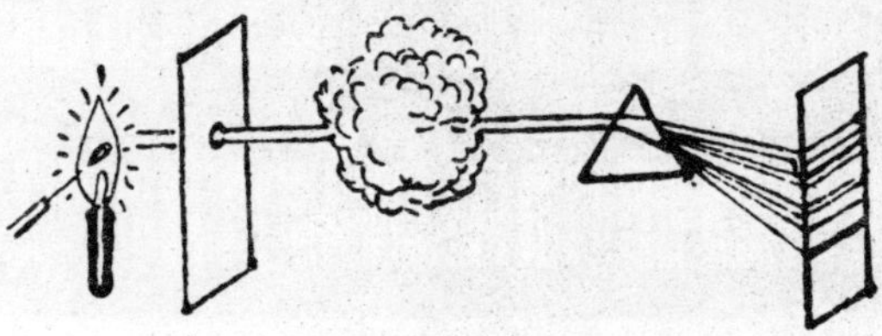

किरचौफ़ का वर्णक्रम-रेखाओं से संबंधित प्रयोग।

इस प्रयोग से किरचौफ़ इस नतीजे पर पहुँचे कि किसी द्रव्य से उत्सर्जित किरणें यदि उसी द्रव्य के गैसीय बादल से गुजरती हैं तो उनसे प्राप्त वर्णक्रमों की काली रेखाएँ उस द्रव्य की द्योतक होती हैं। प्रत्येक तत्त्व या यौगिक की वर्णक्रम में विशेष रेखाएँ होती हैं। अतः प्राप्त वर्णक्रम की फ्रॉनहोफर रेखाओं का अध्ययन करके जाना जा सकता है कि वह वर्णक्रम किन तत्वों या द्रव्यों का है। यह एक महान खोज थी। इस खोज के बाद यह जानना संभव हुआ कि सूर्य तथा तारों में और ग्रहों के वायुमंडलों में कौन-कौन से तत्त्व मौजूद हैं। वैज्ञानिक सूर्य की रासायनिक बनावट की खोज में जुट गए।

वैज्ञानिकों ने वर्णक्रम के विश्लेषण से सूर्य में ऐसे अनेक तत्त्वों की खोज की, जो हमारी धरती पर भी पाए जाते हैं। फिर 1868 ई. में उन्होंने सूर्य के वर्णक्रम में एक विशेष तत्त्व की रेखाओं की खोज की। लेकिन उन्हें धरती पर उस समय वैसा कोई तत्त्व नहीं दिखाई दिया।

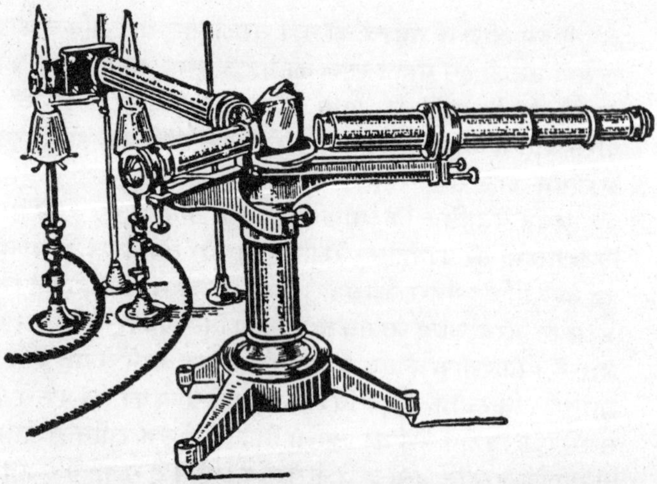

ऊपर : किरचौफ़ का सुधरा हुआ वर्णक्रमदर्शी (स्पेक्ट्रोस्कोप)
नीचे : बीच में लोहे का वर्णक्रम और ऊपर-नीचे सूर्य का वर्णक्रम

वैज्ञानिकों ने सूर्य के वर्णक्रम में खोजे गए इस नए तत्त्व को **हीलियम** नाम दिया, क्योंकि यूनानी भाषा में सूर्य को 'हेलिओ' कहते थे। इस घटना के सत्ताइस साल बाद ही हीलियम तत्त्व को पृथ्वी पर खोजा गया।

सूर्य तथा तारों में हाइड्रोजन और हीलियम की मात्रा सर्वाधिक है। हमारी पृथ्वी पर दूसरे तत्त्वों की अपेक्षा हाइड्रोजन की मात्रा बहुत कम है, सारी द्रव्यराशि की लगभग एक प्रतिशत। हीलियम की मात्रा और भी कम है। इसीलिए हीलियम को सर्वप्रथम हमारी धरती पर खोजना संभव नहीं हुआ था। किसी समय हमारी धरती के वायुमंडल में भी हाइड्रोजन तथा हीलियम काफ़ी रहा होगा; परंतु ये सबसे हलके तत्त्व हैं, इसलिए ये हमारे वायुमंडल से उड़ गए हैं। बृहस्पति, शनि, यूरेनस और नेपच्यून जैसे बड़े ग्रहों के वायुमंडलों में हाइड्रोजन गैस अभी काफ़ी मात्रा में मौजूद है।

हम बता चुके हैं कि सूर्य में अब तक करीब 70 तत्त्व खोजे गए हैं। वर्णक्रम के अध्ययन से ही इन्हें खोजना संभव हुआ है। सूर्य के केंद्रभाग में निर्मित ऊर्जा की किरणें सूर्य के बाहरी वायुमंडल से गुजरकर अंतरिक्ष में फैल जाती हैं। इन किरणों के वर्णक्रमों का अध्ययन करके हम जान सकते हैं कि सूर्य का वायुमंडल किन तत्त्वों से बना है। इसी प्रकार हम ग्रहों के वायुमंडलों की रचना के बारे में भी जानकारी प्राप्त कर सकते हैं। हम जानते हैं कि ग्रह सूर्य के प्रकाश से ही चमकते हैं। लेकिन सूर्य की किरणें ग्रहों के वायुमंडल से दो बार गुजरकर हम तक पहुँचती हैं। अतः ग्रहों से परावर्तित किरणों के वर्णक्रमों का अध्ययन करके हम जान सकते हैं कि उन ग्रहों का वायुमंडल किन तत्त्वों से बना है। वर्णक्रम हमें ग्रहों की भीतरी रासायनिक संरचना के बारे में जानकारी देने में असमर्थ हैं। इसी प्रकार, जिस ग्रह या उपग्रह पर वायुमंडल नहीं है, उसके बारे में भी हम नहीं जान सकते। चंद्र पर वायुमंडल नहीं है। चंद्र की मिट्टी धरती पर लाई गई, तभी हमें चंद्रमा के द्रव्य के बारे में विशेष जानकारी मिली।

वर्णक्रम की खोज खगोलविदों के लिए महान वरदान सिद्ध हुई। वर्णक्रम के अध्ययन से न केवल यह जानकारी मिलती है कि सूर्य तथा तारों में कौन से तत्त्व मौजूद हैं, बल्कि यह जानकारी भी मिलती है कि तारों का सतह-तापमान कितना है। जैसे, खगोलविदों ने वर्णक्रम के अध्ययन से जाना कि हमारे सूर्य का सतह-तापमान लगभग 6000^0 सेंटीग्रेड है। इसी प्रकार दूसरे प्रमुख तारों के सतह-तापमान भी मालूम किए गए हैं। ध्रुव तारे का सतह तापमान 8000^0 सेंटीग्रेड है। व्याध या लुब्धक तारे का सतह-तापमान $11,000^0$ सेंटीग्रेड है। सतह-तापमान प्राप्त हो जाने पर तारे के केंद्रभाग का तापमान भी मालूम किया जा सकता है।

वर्णक्रम के अध्ययन से तारों के बारे में और भी कई बातें मालूम हो जाती हैं। हमें तारे का घनत्व तथा उसकी दूरी मालूम हो जाती है। वर्णक्रम से हमें यह भी मालूम हो जाता है कि कोई तारा या मंदाकिनी कितने वेग से भाग रही है। वर्णक्रम के अध्ययन से हमें मालूम हो जाता है कि कोई तारा कितने वेग से चल रहा है। इस विधि से हमने सूर्य की धुरी-गति को जाना है और यह भी जाना है कि आकाशगंगा के दूसरे तारे कितने वेग से गतिमान हैं।

स्मरण रहे कि यह सारी जानकारी पिछले करीब सौ सालों में प्राप्त हुई है। अधिकांश जानकारी इसी सदी में मिली है। मनुष्य की आँखें सिर्फ प्रकाश के सात रंगों की किरणों को ही ग्रहण कर सकती हैं। लेकिन हमने देखा है कि वर्णक्रम के पट्टे में लाल और बैंगनी रंगों के परे भी

किरणों का अस्तित्व है। लाल रंग के परे अवरक्त किरणों का अस्तित्व है और बैंगनी किरणों के परे पराबैंगनी किरणों का अस्तित्व है। हमने बताया है कि ये अदृश्य किरणें हैं। इन्हें विशेष यंत्रों से ही ग्रहण किया जा सकता है।

वर्णक्रम के पट्टे के दोनों ओर और भी कई प्रकार की किरणें खोजी गई हैं। जैसे, पराबैंगनी किरणों के परे रेडियो-किरणों का अस्तित्व है और अवरक्त किरणों के परे एक्स-किरणों, गामा-किरणों तथा ब्रह्मांडीय किरणों का अस्तित्व है।

इन सारी किरणों को हम 'विकिरण' कहते हैं। सारी किरणें तरंगों के रूप में दौड़ती हैं। हम सभी जानते हैं कि तरंगें लहरदार होती हैं। किरणों की तरंगों के बारे में जानकारी प्राप्त करने का एक तरीका यह है कि, वे एक सेकंड में कितनी बार आंदोलित होती हैं। तरंगों के इस आंदोलन को हम आवृत्ति भी कह सकते हैं। भिन्न-भिन्न किरणों की आवृत्ति-संख्या भिन्न-भिन्न होती है। इसलिए, आवृत्तियों की संख्या से हम जान सकते हैं कि वह किरण किस किस्म की है। जैसे, पीले रंग की किरणों की तरंगें एक सेकंड में 50,00,00,00,00,00,000 बार आंदोलित या आवृत होती हैं।

किरणों की दूसरी विशेषता है, उनकी तरंगों की लंबाई यानी उनका तरंग-दैर्घ्य। सात रंगोंवाली किरणों के तरंग-दैर्घ्य एक सेंटीमीटर के 4 करोड़वें हिस्से से 7 करोड़वें हिस्से तक होते हैं। नीचे की सूची से स्पष्ट हो जाएगा कि इनमें सबसे लंबी किरणें लाल रंग की होती हैं और सबसे छोटी किरणें बैंगनी रंग की होती हैं।

प्रकाश-किरणों के तरंग-दैर्घ्य

प्रकाश का रंग	तरंग-दैर्घ्य की सीमा
लाल	0.000064-70 सेंटीमीटर
नारंगी	0.000058-64 सेंटीमीटर
पीला	0.000057-58 सेंटीमीटर
हरा	0.000049-57 सेंटीमीटर
नीला	0.000042-49 सेंटीमीटर
बैंगनी	0.000040-42 सेंटीमीटर

हम बता चुके हैं कि इनके अलावा अन्य प्रकार की किरणें भी हैं। अवरक्त तथा रेडियो किरणें अधिक लंबाई की होती हैं। दूसरी ओर,

पराबैंगनी, एक्स, गामा तथा ब्रह्मांड किरणें कम लंबाई की होती हैं। इन सारी किरणों को 'विद्युत-चुंबकीय विकिरण' कहा जाता है। कारण यह है कि विभिन्न तरंग-दैर्घ्यों वाली इन सारी किरणों का जन्म परमाणुओं के भीतर के इलेक्ट्रोनों (विद्युत-कणों) की कुछ विशेष हलचलों के कारण होता है।

उपर्युक्त विवेचन से स्पष्ट होता है कि आवृत्ति-संख्या या तरंग-दैर्घ्य ही किरणों की विशेषता है। सभी प्रकार की किरणें पृथ्वी की सतह पर पहुँच नहीं पातीं। सूर्य तथा अन्य तारे सभी प्रकार की किरणों का उत्सर्जन करते हैं। इनमें से प्रकाश-किरणें तथा रेडियो-किरणें धरातल पर पहुँचती हैं। थोड़ी मात्रा में अन्य किरणें भी पहुँचती हैं। लेकिन ब्रह्मांडीय, एक्स तथा छोटी लंबाई की किरणें ऊपर वायुमंडल तक ही पहुँचती हैं। पर अब इन सभी प्रकार की किरणों का अध्ययन करने के लिए साधन खोज लिए गए हैं।

प्रकाश-किरणें पृथ्वी के वायुमंडल को लाँघकर धरातल पर पहुँचती हैं। विकास के अंतर्गत हमारी तथा अन्य प्राणियों की आँखें इन्हीं प्रकाश-किरणों को ग्रहण करने योग्य बनी हैं। प्रकाश-किरणों का अर्थ है, सात रंगों की किरणें। सात रंगों की किरणों का अर्थ है, 0.000070 सेंटीमीटर से 0.000040 सेंटीमीटर लंबाई तक की किरणें। इस प्रकार किरणों का रंग उनके तरंग-दैर्घ्यों द्वारा निर्धारित होता है। रंग किरणों का गुण है।

मनुष्य की आँख केवल प्रकाश-किरणों को ही ग्रहण कर सकती हैं। लेकिन यह विश्व अन्य प्रकार की किरणों से भी व्याप्त है; क्योंकि सूर्य तथा तारे सभी प्रकार की किरणों को जन्म देते हैं। हमारी आँख तथा सामान्य दूरबीनें सिर्फ प्रकाश की किरणों को ग्रहण कर सकती हैं।

इसलिए स्पष्ट है कि हम सिर्फ अपनी आँखों से भौतिक-जगत की वास्तविकता को समझ नहीं सकते। लेकिन अब दूसरे किस्म की किरणों को ग्रहण करने तथा उनके अध्ययन के साधन भी खोजे गए हैं, खोजे जा रहे हैं। रेडियो, एक्स तथा गामा किरणों को ग्रहण करने के लिए विशेष प्रकार की दूरबीनें बन चुकी हैं। ये उपकरण ही आधुनिक विज्ञान की 'दिव्यदृष्टि' हैं। इन नए साधनों से ही हमने सूर्य तथा अन्य तारों के बारे में नई बातें जानी हैं। सूर्य के बारे में जानी गई इन्हीं बातों की अब मुझे जानकारी देनी है।

लेकिन स्मरण रहे कि यह सारी जानकारी हमें पिछले कुछ दशकों में मिली है। यह सारी जानकारी हमें विकिरण के अध्ययन से प्राप्त हुई है। अब हम किरणों की भाषा को समझने लग गए हैं। अपनी किरणों के रूप में सूर्य अपने बारे में जानकारी हमारे पास भेजता रहता है। सूर्य के पास पहुँचना न ज़रूरी है और न संभव। सूर्य ही हमारे पास पहुँचता रहता है। सूर्य अपनी 'भाषा' में हमसे बोलता रहता है। अब उसकी भाषा हम समझने लग गएं हैं।

सूर्य की भट्ठी

सूर्य से हम करीब 15 करोड़ किलोमीटर दूर हैं। सूर्य से हम इतनी दूर हैं, फिर भी इसकी कितनी ऊर्जा हमें मिलती है, इसका हम सभी को अंदाज है। हम यह भी जानते हैं कि सूर्य की संपूर्ण ऊर्जा का बहुत कम हिस्सा हमारी धरती को मिलता है। कारण यह है कि सूर्य चारों ओर अपनी ऊर्जा को उत्सर्जित करता है। हमारा पृथ्वी-पिंड छोटा है और सूर्य से 15 करोड़ किलोमीटर दूर है, इसलिए सूर्य द्वारा चारों ओर के अंतरिक्ष में उत्सर्जित ऊर्जा का बहुत थोड़ा अंश ही पृथ्वी को मिल पाता है। गणना करने से पता चलता है कि सूर्य की संपूर्ण ऊर्जा का केवल दो अरबवाँ हिस्सा ही पृथ्वी को प्राप्त होता है!

यही बात सूर्य की कांति या चमक के बारे में कही जा सकती है। कांति और दूरी का एक विशेष संबंध है। कल्पना कीजिए कि एक किलोमीटर की दूरी से हम 100 वाट के बल्ब के प्रकाश को देखते हैं। दो किलोमीटर की दूरी से वही प्रकाश हमें चार गुना मंद दिखाई देगा। तीन किलोमीटर की दूरी से वही प्रकाश नौ गुना मंद दिखाई देगा और चार किलोमीटर की दूरी से सोलह गुना मंद। इस प्रकार, बढ़ती दूरी के वर्ग के अनुपात में किरणों की कांति या चमक घटती जाती है।

कल्पना कीजिए कि सूर्य हमसे सिर्फ एक किलोमीटर दूर है। तब यह हमें कितना चमकीला दिखाई देगा? उतनी दूरी पर सूर्य हमें 225 करोड़ गुना अधिक चमकीला दिखाई देगा। धरती से ही सूर्य को हम सीधे देख नहीं सकते। अतः इसकी 225 करोड़ गुना कांति की हम सिर्फ कल्पना ही कर सकते हैं।

सूर्य प्रतिदिन चमकता है, अर्थात् अपनी ऊर्जा का उत्सर्जन करता है। आज से करीब तीन-चार हज़ार साल पहले के लोगों ने भी सूर्य को इसी प्रकार चमकते देखा था। आज से करीब पाँच लाख साल पहले के आदि-मानवों ने भी सूर्य को इसी प्रकार चमकते देखा था। पृथ्वी की सतह के नीचे संग्रहीत वनस्पति तथा प्राणियों के पुरावशेषों के अध्ययन

से वैज्ञानिकों ने जाना है कि आज से करोड़ों साल पहले भी सूर्य इसी तरह चमकता था। और धरती की पुरानी चट्टानों का अध्ययन करने के बाद वैज्ञानिक इस नतीजे पर पहुँचे हैं कि करीब पाँच अरब साल पहले भी सूर्य लगभग ऐसा ही चमकता था। अन्य शब्दों में, कम-से-कम पिछले पाँच अरब साल से सूर्य अपनी ऊर्जा का उत्सर्जन करता चला जा रहा है।

अतः हम सबके दिमाग में सवाल उठता है : सूर्य में वह कौन-सी चीज़ है जो इतनी तेज़ जलती है और अरबों सालों से जलती चली आ रही है? सूर्य की भट्ठी किस प्रकार की है?

पुराने ज़माने के लोगों को सूर्य की विशालता तथा इसकी भीषण भट्ठी की तनिक भी कल्पना नहीं थी। यूनानी दार्शनिक एपिक्यूर (300 ई.पू.) का कहना था कि सूर्य उतना ही बड़ा है जितना बड़ा यह हमें दिखाई देता है! यूनानी वैज्ञानिक अनेक्सागोर (ईसा पूर्व पाँचवीं सदी) ने जब यह कहा कि सूर्य एक जलती हुई चट्टान है और इसकी लंबाई-चौड़ाई करीब सौ किलोमीटर है, तो दूसरे विद्वानों ने उनका विरोध किया था। इसी विरोध के कारण अनेक्सागोर को अंत में अथेंस से भाग जाना पड़ा था!

दरअसल, पिछली सदी के अंत समय तक भी किसी को यह मालूम नहीं था कि सूर्य में कौन-सा ईंधन जलता है। 1781 ई. में यूरेनस ग्रह की खोज करनेवाले यूरोप के महान ज्योतिषी हर्शेल ने सूर्य के कलंकों का अध्ययन किया था। सूर्य पर इन काले धब्बों को देखकर हर्शेल इस नतीजे पर पहुँचे थे कि ये धब्बे सूर्य की शीतल गुफाएँ हैं और उनमें सूर्यलोक के प्राणी रहते हैं!

आज हम जानते हैं कि सूर्य के इन विशाल धब्बों के द्रव्य का तापमान भी 4000^0 सेंटीग्रेड से कम नहीं है। सूर्य की सतह का औसत तापमान 6000^0 सेंटीग्रेड है। सूर्य की सतह के इन धब्बों के द्रव्य का तापमान आसपास के तापमान से करीब दो हज़ार डिग्री सेंटीग्रेड कम है, इसीलिए दूर से ये हमें काले दिखाई देते हैं।

आज हम जानते हैं कि सूर्य में कौन-सा ईंधन जलता है और यह किस प्रकार जलता है। क्योंकि, अल्पमात्रा में ही सही, आज हम अपनी धरती पर वैसे ईंधन से वैसी ही ऊर्जा पैदा करने में समर्थ हैं। वह ईंधन है हाइड्रोजन। वह ऊर्जा है तापनाभिकीय ऊर्जा। अपनी धरती पर हाइड्रोजन-बम के रूप में एक छोटे सूर्य का निर्माण हमने कर लिया है। सूर्य में अरबों हाइड्रोजन-बम एकसाथ फटते हैं, लगातार। अरबों साल से फटते आ रहे हैं और आगे अरबों साल तक फटते रहेंगे।

सूर्य के आकार-प्रकार के बारे में मोटी-मोटी बातें हम बता चुके हैं।

सूर्य और अन्य तारे गैसों के गोले हैं। हम बता चुके हैं कि तारों का मुख्य द्रव्य हाइड्रोजन गैस है। हमारे सूर्य में भी करीब 80 प्रतिशत द्रव्य हाइड्रोजन के रूप में है। दूसरा प्रमुख तत्त्व है हीलियम। वस्तुतः हीलियम की खोज सबसे पहले सूर्य में ही हुई थी। सूर्य में शेष तत्त्वों की मात्रा बहुत कम है।

सूर्य के बारे में दो बातों को पुनः स्मरण कर लेना ज़रूरी है। सूर्य के गोले का व्यास करीब 14,00,000 किलोमीटर है, पृथ्वी के व्यास से 109 गुना अधिक। अतः सूर्य के गोले का अर्धव्यास होगा 7 लाख किलोमीटर। इसका अर्थ यह हुआ कि सूर्य के केंद्रभाग से इसकी सतह 7 लाख किलोमीटर दूर है। स्मरण रहे कि पृथ्वी से चंद्र की दूरी करीब पौने चार लाख किलोमीटर ही है।

सूर्य के बारे में दूसरी प्रमुख बात है इसकी द्रव्यराशि। हमारे सूर्य में करीब 2,00,00,00,00,00,00,00,00,00,00,00,00,000 टन द्रव्य है—हमारी पृथ्वी के द्रव्य से करीब 3,30,000 गुना अधिक। हिसाब लगाया जा सकता है कि इतने अधिक द्रव्य का सूर्य के केंद्रभाग पर कितना दाब पड़ता होगा। समुद्र की सतह पर हमारे वायुमंडल का दाब प्रति वर्ग-सेंटीमीटर 1 किलोग्राम होता है। सूर्य के केंद्रभाग पर इसकी द्रव्यराशि का दाब हमारे वायुमंडल के दाब से 100 अरब गुना अधिक होगा!

इतने भीषण दाब में सूर्य के केंद्र के द्रव्य का क्या हाल होता होगा? कुछ पाठक सोचेंगे कि यह ठोस हो जाता होगा। पर बात ऐसी नहीं है। इतने अधिक दाब में भी सूर्य के केंद्रभाग का द्रव्य गैसीय स्थिति में ही रहता है, एक विशेष प्रकार की गैसीय स्थिति में। दूसरे अधिकांश तारों के द्रव्य का भी यही हाल है। इसीलिए हम कहते हैं कि हमारा सूर्य तथा अन्य अधिकांश तारे गैसों के गोले हैं।

गैस के बारे में प्रमुख बात यह है कि इसकी भौतिकी को हम अच्छी तरह समझते हैं। किसी तरल या द्रव की भौतिकी को समझना उतना सरल नहीं है। पृथ्वी के केंद्रभाग का द्रव्य संभवतः तरल स्थिति में है। इसीलिए पृथ्वी के केंद्रभाग की परिस्थितियों को अभी तक हम ठीक से समझ नहीं पाए हैं। लेकिन सूर्य तथा तारों के केंद्रभाग के बारे में हम अधिक जानकारी रखते हैं।

हम जानते हैं कि दाब बढ़ने से तापमान में वृद्धि होती है। सूर्य के केंद्रभाग पर जितना दाब है उससे वहाँ की गैस का तापमान लगभग $1,60,00,000^0$ सेंटीग्रेड पर पहुँच जाता है। इतने ऊँचे तापमान पर द्रव्य किस प्रकार का होता है, इसकी कल्पना करना कठिन नहीं है। एक

क्षणांश के लिए ही सही, इतना ऊँचा तापमान अब हम धरती की प्रयोगशालाओं में भी पैदा कर सकते हैं। एक वैज्ञानिक ने लिखा है कि सूर्य के केंद्रभाग का इतने ऊँचे तापमान वाला पिन के सिर ज़ितना द्रव्य यदि धरती पर आ गिरे, तो उसके ताप से 150 किलोमीटर की दूरी पर खड़ा आदमी मर जाएगा !

पहले हमने बताया है कि सूर्य के द्रव्य का औसत घनत्व 1.4 है; अर्थात्, पानी के घनत्व से कुछ अधिक। लेकिन हमने यह भी बताया है कि अत्यधिक दाब के कारण सूर्य के केंद्रभाग का घनत्व 100 है, अर्थात् पानी के घनत्व से सौ गुना अधिक। पृथ्वी पर पाई जानेवाली किसी भी वस्तु का घनत्व इतना अधिक नहीं है। लोहे का घनत्व 8 होता है, सीसे का 11 और यूरेनियम का 19। पृथ्वी पर पाई जानेवाली सबसे अधिक घनत्व वाली धातु है, प्लेटिनम। इसका घनत्व 21.5 होता है। लेकिन सूर्य के केंद्रभाग के द्रव्य का घनत्व प्लेटिनम से भी 5 गुना अधिक होता है। फिर भी हम कहते हैं कि सूर्य के केंद्रभाग का द्रव्य गैसीय स्थिति में होता है। ऐसा क्यों ?

इस उलझन को समझने के लिए हमें द्रव्य की इकाई—परमाणु—पर थोड़ा विचार करना होगा। हर तत्त्व का एक परमाणु होता है। परमाणु के केंद्रभाग में एक नाभिक होता है। इस नाभिक में मुख्यतः दो प्रकार के कण होते हैं—प्रोटॉन और न्यूट्रॉन । परमाणु के नाभिक के इर्द-गिर्द इलेक्ट्रॉन चक्कर काटते रहते हैं। इलेक्ट्रॉन बहुत हल्के कण होते हैं। उनकी तुलना में प्रोटॉन और न्यूट्रॉन बहुत भारी होते हैं। इसलिए परमाणु का अधिकांश द्रव्य इसके नाभिक में भरा रहता है।

परमाणु के भीतर के इन प्रमुख कणों के बारे में विशेष बात यह है कि इलेक्ट्रॉन और प्रोटॉन, आवेश की दृष्टि से, विरोधी कण होते हैं। ये एक-दूसरे को दूर ढकेलते हैं। इसीलिए नाभिक और इलेक्ट्रॉनों के बीच में बहुत-सी खाली जगह रहती है।

सबसे हल्का और सरल परमाणु हाइड्रोजन तत्त्व का ही होता है। इसके नाभिक में एक प्रोटॉन होता है और केवल एक इलेक्ट्रॉन इसके इर्द-गिर्द तेज़ी से चक्कर काटता रहता है। यूरेनियम के नाभिक में 235 न्यूट्रॉन तथा प्रोटॉन होते हैं और 92 इलेक्ट्रॉन इस नाभिक के इर्द-गिर्द चक्कर काटते रहते हैं।

यह हुई परमाणुओं की सामान्य स्थिति। लेकिन उच्च दाब तथा तापमान से परमाणु के कुछ या सभी इलेक्ट्रॉन अलग भी हो जा सकते हैं। तब परमाणुओं के नाभिक और इलेक्ट्रॉन एक-दूसरे से जुदा होकर आज़ादी से दौड़ते रहते हैं। तब ऐसे द्रव्य के घटक होते हैं—इलेक्ट्रॉन,

बिना इलेक्ट्रॉन के नाभिक और इलेक्ट्रॉन वाले नाभिक।

हम बता चुके हैं कि परमाणु के भीतर नाभिक और इलेक्ट्रॉनों के बीच में बहुत-सी खाली जगह रहती है। इसलिए नाभिक और इलेक्ट्रॉन अलग-अलग होने पर भी मनमाने ढंग से दौड़ते रह सकते हैं। ऐसा द्रव्य गैसीय द्रव्य ही कहलाएगा, लेकिन एक विशेष प्रकार का गैसीय द्रव्य। ऐसे द्रव्य को आज हम 'प्लाज्मा' कहते हैं।

सूर्य के अत्यधिक ताप के कारण इस प्लाज्मा द्रव्य के नाभिक और इलेक्ट्रॉन एक-दूसरे के नज़दीक कुछ दबोच दिए जाते हैं। इसीलिए सूर्य तथा तारों के केंद्रभाग के द्रव्य का घनत्व इतना अधिक होता है। फिर भी नाभिक और इलेक्ट्रॉन आज़ादी से विचरण करते रहते हैं, धरती के वायुमंडल की गैसों के अणुओं की तरह। इसीलिए हम कहते हैं कि सूर्य तथा तारों के केंद्रभाग का द्रव्य, अत्यधिक घनत्व के बावजूद, गैसीय स्थिति में ही रहता है।

सूर्य की भट्ठी उसके केंद्रभाग में है। सूर्य की इसी भट्ठी का तापमान $1,60,00,000^0$ सेंटीग्रेड पर पहुँचता है। सूर्य की यह भट्ठी पिछले कम-से-कम पाँच अरब साल से जलती चली आ रही है। इसी भट्ठी में सूर्य की भीषण ऊर्जा पैदा होती है। अब हमें यही जानना है कि इस भट्ठी में ऊर्जा कैसे पैदा होती है। इस भट्ठी में ईंधन कैसें जलता है।

कोयला, तेल, लकड़ी, आदि से प्राप्त होनेवाली ऊर्जा रासायनिक ऊर्जा है। सूर्य में कोयला या तेल नहीं जलता। सूर्य में यदि कोयला या तेल जलता होता तो वह कभी का जलकर राख हो जाता। सूर्य में द्रव्य ही ऊर्जा में बदल जाता है। अतः हमें देखना है कि द्रव्य ऊर्जा में कैसे बदल जाता है।

पिछली सदी के अंत समय तक समझा जाता था कि द्रव्य और ऊर्जा अलग-अलग चीज़ें हैं। फिर 1895 ई. के आसपास बेक्वरेल, मदाम क्यूरी, आदि वैज्ञानिकों ने जाना कि कुछ तत्त्वों से अपने-आप ऊर्जा पैदा होती रहती है। जैसे, रेडियम, पोलोनियम आदि तत्त्व। ऐसे तत्त्वों को रेडियमधर्मी तत्त्व कहा गया। इन तत्त्वों से विभिन्न किरणों के रूप में ऊर्जा बाहर आती रहती है। साथ-साथ उस तत्त्व की मात्रा भी घटती रहती है। इस प्रकार पिछली सदी के अंतिम दशक में हमें जानकारी मिली कि द्रव्य का क्षय होकर ऊर्जा पैदा होती है।

कितने द्रव्य से कितनी ऊर्जा पैदा होती है, इस बात की जानकारी सबसे पहले महान आइंस्टाइन ने दी। आइंस्टाइन ने पहले 1905 ई. में और फिर 1916 ई. में अपने आपेक्षिकता के सिद्धांत की स्थापना की। इस सिद्धांत के कुछ नतीजे निकले। आइंस्टाइन ने सिद्ध किया कि

प्रकाश-किरणों की गति ही विश्व की महत्तम गति है। प्रकाश की किरणें, अन्य प्रकार की किरणें भी, एक सेकंड में 3,00,000 किलोमीटर दौड़ती हैं।

दूसरी बात यह है कि इन किरणों पर बड़े पिंडों के गुरुत्त्वाकर्षण का प्रभाव पड़ता है। जैसे, किसी दूर के तारे से आई हुई किरणें यदि सूर्य के पास से गुजरती हैं तो वे थोड़ी मुड़ जाएँगी। 1919 ई. में सूर्य-ग्रहण के समय इस बात का सबूत भी मिल गया।

आइंस्टाइन के आपेक्षिकता के सिद्धांत से भौतिक-जगत के बारे में हमारी पुरानी मान्यताओं में काफ़ी रद्दोबदल हुई। आइंस्टाइन ने सिद्ध किया कि द्रव्य और ऊर्जा एक ही सत्ता के दो रूप हैं। ऊर्जा और द्रव्य के संबंध में आइंस्टाइन ने एक सूत्र की स्थापना की। यह सूत्र है :

$$\text{ऊर्जा} = \text{द्रव्य} \times (\text{प्रकाश का वेग})^2$$

इस सूत्र से हमें जानकारी मिलती है कि कितने ग्राम द्रव्य से कितने अर्ग ऊर्जा पैदा हो सकती है। उपर्युक्त सूत्र को अधिक सरल रूप में हम इस प्रकार लिख सकते हैं :

$$\text{ऊर्जा (अर्ग में)} = 10^{20} \times \text{द्रव्य (ग्राम में)}$$

अतः यदि 1 ग्राम द्रव्य को ऊर्जा में बदला जाए तो उससे हमें 10^{20} अर्ग ऊर्जा प्राप्त होगी। 25 हज़ार अश्वशक्ति के इंजन को लगातार एक सप्ताह तक चलाने से हमें इतनी ऊर्जा प्राप्त हो सकती है। इससे अंदाजा लगाया जा सकता है कि द्रव्य में कितनी ऊर्जा छिपी हुई है।

आइंस्टाइन ने जिस समय इस सूत्र की स्थापना की थी, उस समय हम नहीं जानते थे कि द्रव्य को ऊर्जा में किस प्रकार बदला जाता है। वर्तमान सदी के चौथे दशक के अंतिम वर्षों में, दूसरे महायुद्ध के दौरान, वैज्ञानिक इस ऊर्जा की खोज में जुट गए। फिर एटम-बम बना और उसका इस्तेमाल भी हुआ। यह थी परमाणु के भीतर की भीषण ऊर्जा। अब इस ऊर्जा से बिजली भी पैदा होने लगी है। अब हाइड्रोजन बम भी बन चुके हैं।

परमाणु के भीतर से ऊर्जा प्राप्त करने के दो तरीके हैं। पहले तरीके को विखंडन का तरीका कहते हैं। इस तरीके में यूरेनियम, थोरियम आदि भारी तत्त्वों के परमाणुओं को तोड़कर ऊर्जा प्राप्त की जाती है। न्यूट्रॉन कणों से जब यूरेनियम के नाभिक को तोड़ा जाता है तो इसका थोड़ा-सा द्रव्य ऊर्जा में बदल जाता है। एटम-बम यूरेनियम ईंधन से ही बनता है।

लेकिन हमने देखा है कि सूर्य की द्रव्यराशि में यूरेनियम, थोरियम आदि तत्त्वों का अभाव है। इसलिए सूर्य में पैदा होनेवाली भीषण ऊर्जा

यूरेनियम के विखंडन से पैदा होनेवाली ऊर्जा नहीं हो सकती।

किंतु परमाणु से ऊर्जा प्राप्त करने का दूसरा तरीका भी है। इसमें हाइड्रोजन के ईंधन का इस्तेमाल होता है। अति उच्च तापमान में हाइड्रोजन-परमाणु के नाभिक आपस में मिलकर हीलियम के नाभिकों को जन्म देते हैं। हम जानते हैं कि हाइड्रोजन सबसे हल्का तत्त्व है। द्रव्यमान की एक विशेष इकाई के अनुसार हाइड्रोजन के एक नाभिक का भार 1.008 होता है। अतः हाइड्रोजन के चार नाभिकों का भार होगा 4.032। हम यह भी जानते हैं कि हीलियम के एक नाभिक का भार 4.00 होता है। अतः विशेष परिस्थितियों में जब हाइड्रोजन के चार नाभिक आपस में मिलकर हीलियम के एक नाभिक को जन्म देते हैं तो 0.032 इकाई भार का द्रव्य शेष बचता है। यही द्रव्य ऊर्जा में बदल जाता है।

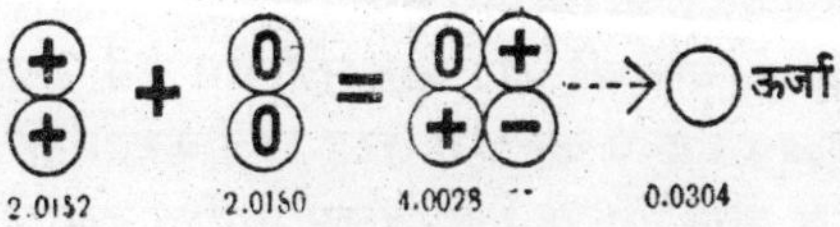

संगलन की प्रक्रिया

विशेष परिस्थितियों में हाइड्रोजन के चार नाभिकों का संगलन होकर जब हीलियम का एक नाभिक जन्म लेता है तो साथ ही ऊर्जा भी पैदा होती है। यही है तारों की ऊर्जा।

ऊपर हमने सरल शब्दों में बताया है कि हाइड्रोजन के नाभिक किस प्रकार हीलियम के नाभिक में बदल जाते हैं। दरअसल, नाभिक की रचना बड़ी जटिल है। नाभिक के भीतर सौ से भी अधिक छोटे-छोटे कण खोजे गए हैं। हाइड्रोजन के नाभिक आपस में मिलकर जब हीलियम के नाभिक को जन्म देते हैं तो द्रव्य की अल्प मात्रा किरणों अथवा ऊर्जा के कणों के रूप में बाहर आती है। इस प्रक्रिया में हाइड्रोजन के नाभिक आपस में जुड़ते हैं, इसलिए इसे संगलन की प्रक्रिया कहते हैं।

इस प्रक्रिया से ऊर्जा प्राप्त करना हमने जान लिया है। हाइड्रोजन-बम के विस्फोट में इसी प्रक्रिया से ऊर्जा पैदा होती है। इस प्रक्रिया की प्रमुख बात यह है कि अति उच्च तापमान में ही हाइड्रोजन के नाभिकों का संगलन हो सकता है। अतः पहले एटम-बम के विस्फोट से उच्च तापमान प्राप्त किया जाता है, तदनंतर हाइड्रोजन-बम फटता है। इसीलिए एटम-बम के बाद ही हाइड्रोजन-बम को बनाना संभव हुआ।

हाइड्रोजन-बम का निर्माण 1950 ई. के बाद हुआ। लेकिन इसके पहले ही वैज्ञानिक जान गए थे कि सूर्य में एक साथ करोड़ों

हाइड्रोजन-बम फटते रहते हैं। सबसे पहले 1925 ई. में प्रख्यात वैज्ञानिक आर्थर एडिंग्टन ने परिकल्पना प्रस्तुत की कि सूर्य तथा तारों की भीषण ऊर्जा वास्तव में परमाणु-ऊर्जा है। फिर वर्तमान सदी के चौथे दशक में बैथे तथा अन्य वैज्ञानिक इस परिणाम पर पहुँचे कि संगलन की प्रक्रिया से ही सूर्य तथा तारों में इतनी ऊर्जा पैदा होती है। हम जानते ही हैं कि सूर्य में हाइड्रोजन और हीलियम की अधिकता है। अतः यह स्पष्ट है कि सूर्य का हाइड्रोजन ईंधन हीलियम में रूपांतरित होता रहता है।

हम बता चुके हैं कि कितने द्रव्य से कितनी ऊर्जा पैदा होती है। आइंस्टाइन के सूत्र से हमें इसकी जानकारी मिलती है। सूर्य के केंद्रभाग में प्रति सेकंड 5640 लाख टन हाइड्रोजन, संगलन की प्रक्रिया से, 5600 लाख टन हीलियम में बदल जाता है। इस प्रकार सूर्य का प्रति सेकंड 40 लाख टन द्रव्य ऊर्जा में बदल जाता है!

इसका अर्थ यह हुआ कि प्रति सेकंड सूर्य का 40 लाख टन द्रव्य घटता जाता है। लेकिन चिंता की कोई बात नहीं है। सूर्य में बहुत अधिक द्रव्य है। सूर्य यदि अपने द्रव्य को इसी तरह खर्च करता रहे तब भी आगे के करीब 5 अरब साल तक के लिए इसमें पर्याप्त द्रव्य है।

वैज्ञानिकों ने जाना है कि सूर्य के केंद्रभाग में उसका हाइड्रोजन दो प्रकार से हीलियम में रूपांतरित हो सकता है। लेकिन यहाँ हम उसकी चर्चा नहीं करेंगे, क्योंकि वह नाभिकीय भौतिकी का एक गहन विषय है। सूर्य के केंद्रभाग में नाभिकीय कणों या किरणों के रूप में ऊर्जा पैदा होती है। जैसे, अधिकांश ऊर्जा एक्स-किरणों के रूप में पैदा होती है। हम बता चुके हैं कि एक्स-किरणें छोटे तरंग-दैर्घ्यवाली अदृश्य किरणें होती हैं। ये किरणें भी प्रकाश के वेग से ही दौड़ती हैं। परंतु सूर्य के केंद्रभाग में पैदा होकर जब ये बाहर की ओर दौड़ती हैं तो दूसरे परमाणु-नाभिकों से टकरा जाती हैं।

सूर्य के केंद्रभाग से उसकी सतह लगभग सात लाख किलोमीटर दूर है। एक्स-किरणों को यह सारी दूरी पार करनी पड़ती है। परंतु रास्ते में ये एक्स-किरणें बहुत सारे परमाणु-नाभिकों से टकराती हैं, इसलिए टेढ़े-मेढ़े रास्ते से होकर ही ये सूर्य की सतह तक पहुँच सकती हैं। अतः इन्हें सतह तक पहुँचने के लिए 20 हज़ार साल भी लग सकते हैं!

दूसरी बात यह है कि दूसरे नाभिकों से टकरा जाने के कारण इन एक्स-किरणों का तरंग-दैर्घ्य बढ़ता जाता है, यानी इनके कंपन की आवृत्ति घट जाती है। ये किरणें धीरे-धीरे पराबैंगनी तथा प्रकाश-किरणों में बदल जाती हैं। सूर्य के केंद्रभाग में भीषण ऊर्जा होने पर भी वहाँ गहन अंधकार होगा, क्योंकि एक्स-किरणें अदृश्य होती हैं। लेकिन सतह

तक पहुँचते-पहुँचते ये किरणें पराबैंगनी तथा प्रकाश-किरणों के रूप में बदल जाती हैं, इसीलिए सूर्य हमें चमकीला दीखता है। हम सूर्य की बाहरी सतह को ही देख सकते हैं।

सूर्य के केंद्र भाग में दूसरे प्रकार की किरणें या कण भी जन्म लेते हैं। इनमें न्यूट्रिनो नामक कण बड़ा ही अद्भुत है। न्यूट्रिनो के गुणधर्म ऐसे हैं कि यह बिना किसी रोक-टोक के सूर्य के बाहर निकल आता है। यह पृथ्वी-पिंड से भी आर-पार हो सकता है। विशेष विधियों से ही न्यूट्रिनो को पकड़ पाना संभव है।

सूर्य के केंद्रभाग में पैदा हुई ऊर्जा कई तरीकों से सूर्य की सतह तक पहुँचती है। यही ऊर्जा फिर सौर-मंडल में फैल जाती है। इसी ऊर्जा को हम प्रकाश-किरणों तथा अन्य किरणों के रूप में ग्रहण करते हैं।

ऐसी है सूर्य की भट्ठी। अच्छा है कि यह भट्ठी सूर्य के केंद्रभाग में है। इस भट्ठी का तापमान करीब दो करोड़ डिग्री सेंटीग्रेड है। सूर्य की सतह का तापमान सिर्फ 6000° सेंटीग्रेड है। इस प्रकार सूर्य ही अपनी ऊर्जा को काफी मंद बना देता है। लेकिन अनंत काल तक यही स्थिति नहीं रहेगी। सूर्य के केंद्रभाग का हाइड्रोजन जब समाप्त हो जाएगा तो यह भट्ठी ताजे हाइड्रोजन को ग्रहण करने के लिए धीरे-धीरे सतह की ओर बढ़ती जाएगी। प्याज के छिलकों की तरह भट्ठी बाहर की ओर फैलती जाएगी। लेकिन उसके लिए अभी अरबों साल का समय लगेगा।

भीषण ऊर्जा के कारण सूर्य के केंद्रभाग में किस प्रकार की उथल-पुथल मचती होगी, इसकी हम केवल कल्पना ही कर सकते हैं। सूर्य की बाहरी सतह पर किस प्रकार की उथल-पुथल मचती रहती है, उसकी हमें जानकारी है।

सूर्य की बाहरी सतह के बारे में सारी जानकारी किरणों के माध्यम से हम तक पहुँचती रहती है। सूर्य की ये किरणें करीब आठ मिनट बाद हम तक पहुँचती हैं। ये किरणें एक प्रकार से सूर्य की द्रव्यराशि ही हैं। ये किरणें स्वयं सूर्य हैं। इसलिए इन किरणों का अध्ययन करके हम सूर्य के बारे में जानकारी प्राप्त कर सकते हैं। अब हमें सूर्य की सतह के बारे में जानकारी प्राप्त करनी है।

सूर्य की सतह और इसका बाह्य वातावरण

हमने देखा है कि सूर्य की भट्ठी उसके केंद्रभाग में है । इस भट्ठी को हम देख नहीं सकते । सूर्य की भट्ठी में पैदा हुई ऊर्जा सूर्य की सतह पर पहुँचकर प्रकाश-किरणों तथा अन्य किरणों के रूप में बाह्य अंतरिक्ष में उत्सर्जित होती है । ये किरणें हमारी धरती पर भी पहुँचती हैं । ये किरणें सूर्य की सतह से आई हुई होती हैं, इसलिए इन किरणों के रूप में हम सूर्य की सतह को ही देख सकते हैं । स्मरण रहे कि सूर्य की सतह इसके केंद्र भाग से करीब 7 लाख किलोमीटर दूर है ।

हम बता चुके हैं कि किरणें कई प्रकार की हैं, किंतु हमारी आँखें केवल प्रकाश-किरणों को ही ग्रहण कर सकती हैं । सूर्य की सतह या इसके बाह्य वातावरण के जिस मंडल से प्रकाश-किरणों का उत्सर्जन होता है, उसे **प्रकाश-मंडल** कहते हैं । दरअसल, सूर्य की सतह या इसके बाह्य वातावरण को तीन मंडलों में बाँटा गया है । इन्हें समझने के लिए प्याज के छिलकों की कल्पना कीजिए । ये तीन मंडल क्रमशः एक-दूसरे के ऊपर हैं ।

सूर्य के वातावरण का निचला स्तर प्रकाश-मंडल है। सूर्य के केंद्रभाग की ऊर्जा इस प्रकाश-मंडल तक पहुँचते-पहुँचते प्रकाश-किरणों में बदल जाती है, इसीलिए इस प्रकाश-मंडल को हम देख सकते हैं । प्रकाश-मंडल सूर्य के केंद्रभाग से करीब 7 लाख किलोमीटर दूर है । सूर्य का यह प्रकाश-मंडल 100 से 300 किलोमीटर मोटा है। इस प्रकाश-मंडल का तापमान लगभग 5500^0 सेंटीग्रेड रहता है ।

सूर्य के केंद्रभाग में पैदा हुई ऊर्जा कई तरीकों से प्रकाश-मंडल तक पहुँचती है । अक्सर ऊर्जा की धाराएँ ही प्रकाश-मंडल तक पहुँचती हैं, जैसे कि बर्तन में उबलते हुए पानी में ऊर्जा सतह पर पहुँचती है । सूर्य की सतह पर ये बातें विशाल स्तर पर होती हैं। इसलिए सूर्य के प्रकाश-मंडल में कई प्रकार की उथल-पुथल मची रहती है, जिसकी जानकारी हम आगे देंगे ।

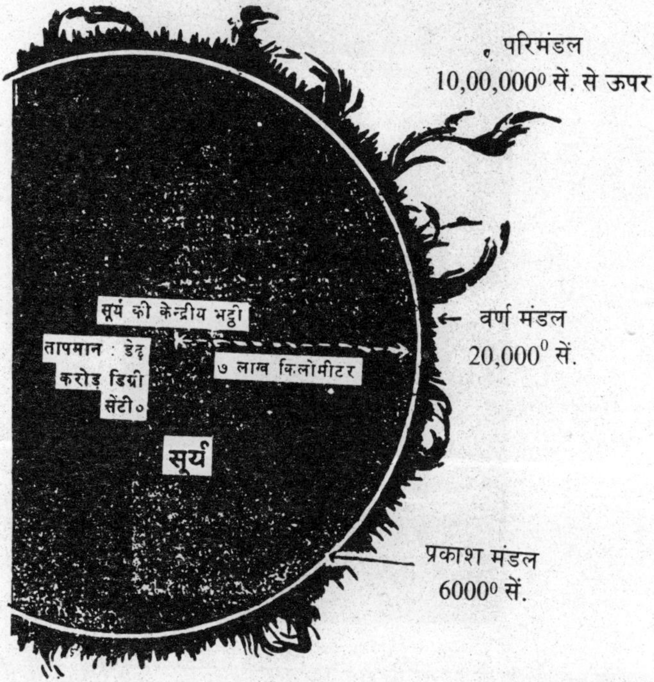

प्रकाश-मंडल के ऊपर सूर्य के वातावरण का **वर्ण-मंडल** है। खग्रास सूर्य-ग्रहण के समय जब चंद्र सूर्य की सतह को, यानी उसके प्रकाश-मंडल को, ढक लेता है, तब हम इस वर्ण-मंडल को देख सकते हैं। यह वर्ण-मंडल विरल गैसों से बना है और प्रकाश-मंडल के ऊपर कई हजार किलोमीटर तक फैला हुआ है। इस वर्ण-मंडल में ऊँचाई के साथ-साथ तापमान भी बढ़ जाता है और 20,000° सेंटीग्रेड पर पहुँच जाता है। इस वर्ण-मंडल में ऊँची-ऊँची ज्वालाएँ उठती रहती हैं। इनकी जानकारी हम आगे देंगे।

सूर्य के वातावरण के तीसरे तथा सबसे बाहरी मंडल को **परिमंडल** (किरीट) नाम दिया गया है। सूर्य ग्रहणों के विशेष अवसरों पर सूर्य का निचला भाग जब पूरी तरह ढक जाता है, तभी हम सूर्य के परिमंडल को देख सकते हैं। सूर्य के परिमंडल की खोज सर्वप्रथम 1851 ई. में हुई थी। तब से आगे के करीब अस्सी साल तक परिमंडल का अध्ययन कुल मिलाकर एक घंटे तक ही हो पाया था, क्योंकि सूर्य-ग्रहणों के समय अल्प काल के लिए ही परिमंडल को देखा जा सकता है।

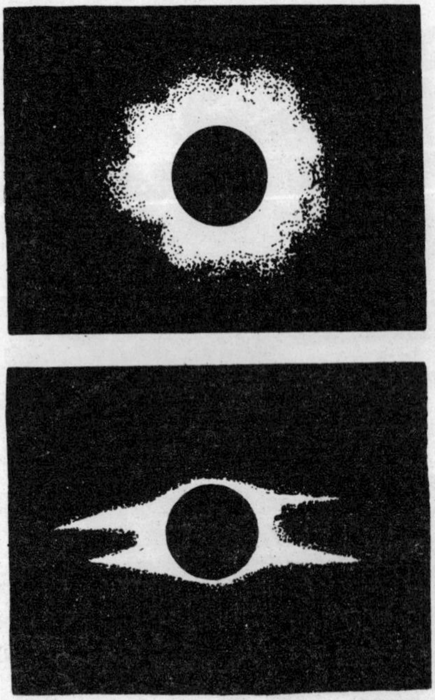

खग्रास सूर्य-ग्रहण के अवसर पर सूर्य का लाखों किलोमीटर तक फैला हुआ परिमंडल (सफेद) दिखाई देता है।

लेकिन वर्तमान सदी के चौथे दशक में एक फ्रांसीसी वैज्ञानिक ने एक विशेष यंत्र (कोरोनोग्राफ) की खोज की, जिसकी सहायता से सूर्य-ग्रहण जैसी स्थिति पैदा करके सूर्य के परिमंडल को देखा जा सकता है। इसलिए अब इस परिमंडल के बारे में हम काफ़ी बातें जानते हैं। यह परिमंडल लाखों-करोड़ों किलोमीटर तक फैला हुआ है और अत्यंत विरल गैसों से बना हुआ है। परिमंडल की इन गैसों का तापमान 10,00,000° सेंटीग्रेड से भी अधिक होता है। यह परिमंडल हमारी पृथ्वी तक, और आगे भी, फैल जाता है। इसलिए हम कह सकते हैं कि हमारी पृथ्वी वास्तव में सूर्य के वातावरण में ही चक्कर काटती रहती है।

ऊपर हमने सूर्य की सतह या इसके बाहरी वातावरण के तीन मंडलों की जानकारी दी है। अब हमें इन मंडलों के बारे में विशेष बातें जाननी हैं। सबसे पहले हम प्रकाश-मंडल की विविध घटनाओं पर विचार करेंगे। प्रकाश-मंडल के दो प्रमुख दृश्य हैं—सूर्य-कलंक और अतिभा (फैकुली)।

सूर्य-कलंक

हम बता चुके हैं कि अरस्तू ने सूर्य और तारों को बेदाग़ माना था। पुराने ज़माने के लोग आकाश के नक्षत्रों को निष्कलंक और पार्थिव वस्तुओं को कलंकित मानते थे! लेकिन गैलीलियो ने अपनी दूरबीन से देखा कि सूर्य की सतह (प्रकाश-मंडल) पर भी कलंक हैं। दूरबीन के लेंस पर काले रंग का काँच लगाकर ही सूर्य को देखना होता है, अन्यथा सूर्य की पुंजीभूत किरणें आँखों को नष्ट कर देंगी।

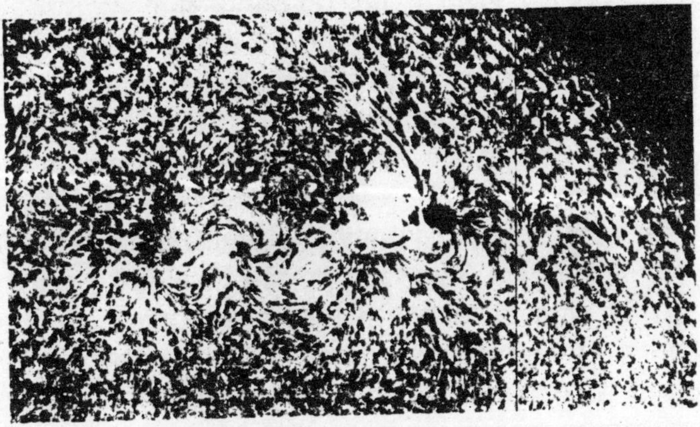

सूर्य के वर्णमंडल का एक विशेष चित्र। इसमें देखिए सूर्य-कलंक और उनके इर्द-गिर्द की उथल-पुथल।

गैलीलियो ने जब कहा कि सूर्य की सतह पर काले धब्बे या कलंक हैं, तो आरंभ में किसी ने उनकी बात पर यकीन नहीं किया। लेकिन अंत में सभी को स्वीकार करना पड़ा कि सूर्य की सतह पर काले धब्बे हैं। तब से किसी बड़े आदमी में दोष दीखने पर कहा जाने लगा कि 'सूर्य में भी कलंक हैं।'

गैलीलियो के बाद अलेक्जेंडर विल्सन और विलियम हर्शेल आदि वैज्ञानिकों ने सूर्य-कलंकों का अध्ययन किया, किंतु इनके बारे में हमें कोई विशेष जानकारी नहीं मिली। वर्णक्रमदर्शी की सहायता से ही हमें इनके बारे में विशेष जानकारी मिल पाई है।

सूर्य-कलंक प्रकाश-मंडल के निचले स्तर में जन्म लेते हैं। ये सूर्य-कलंक हमें इसलिए काले दिखाई देते हैं कि इनके द्रव्य का तापमान आसपास के द्रव्य के तापमान से करीब 1500° सेंटीग्रेड कम होता है।

सूर्य-कलंक कीप (फनल) के आकार के होते हैं। ये छोटे भी हो सकते हैं और बड़े भी। सूर्य-कलंक 1000 किलोमीटर से 2,00,000

किलोमीटर तक चौड़े हो सकते हैं । सूर्य की सतह पर जब ये प्रकट होते हैं तो छोटे होते हैं और कुछ दिन बाद धीरे-धीरे बड़े हो जाते हैं । ये कलंक अक्सर दो या अधिक धब्बों के रूप में प्रकट होते हैं । छोटे सूर्य-कलंक भी इतने बड़े होते हैं कि उनमें हमारी पृथ्वी समा सकती है । विशेष अवसरों पर जो बड़े सूर्य-कलंक प्रकट होते हैं, उनमें तो हमारी पृथ्वी के आकार के सौ पिंड भी समा सकते हैं । 1946 ई. में सूर्य की सतह पर सूर्य-कलंकों का ऐसा ही एक विशाल समूह प्रकट हुआ था ।

ये सूर्य-कलंक सूर्य के ध्रुवीय प्रदेशों में या इसके विषुवतवृत्त पर प्रकट नहीं होते । ये अधिकतर विषुवत-रेखा के दोनों ओर 5 से 25 अक्षांशों के बीच के प्रदेशों में प्रकट होते हैं । सूर्य जब बादलों से ढक जाता है या अन्य किसी कारण से धुँधला पड़ जाता है तो बड़े सूर्य-कलंकों को खुली आँखों से भी देखा जा सकता है ।

पहले हम बता चुके है कि हर 11 साल बाद सूर्य की सक्रियता बढ़ जाती है । इसका अर्थ यह है कि सूर्य के वातावरण की सारी क्रियाएँ धीरे-धीरे बढ़ती जाती हैं और 11 साल के बाद सर्वाधिक सक्रिय हो जाती हैं । फिर ये शनैः-शनैः मंद होकर पुनः तीव्र हो जाती हैं । सूर्य की घटती-बढ़ती सक्रियता का यह सिलसिला चलता रहता है । महत्तम सक्रियता के समय सूर्य की सतह पर सबसे अधिक कलंक प्रकट होते हैं । शांत काल में सूर्य की सतह पर कई महीनों तक एक भी कलंक नहीं हो सकता, परंतु महत्तम सक्रियता के समय 25 कलंक भी प्रकट हो सकते हैं ।

इन सूर्य-कलंकों का अध्ययन करने से हमें जानकारी मिली है कि सूर्य अपनी धुरी पर परिक्रमा करता रहता है । कई दिनों तक इन सूर्य-कलंकों को देखा जाए तो पता चलता है कि ये सरकते रहते हैं । सूर्य अपनी धुरी पर उसी दिशा में परिक्रमा करता रहता है जिस दिशा में हमारी पृथ्वी अपनी धुरी पर परिक्रमा करती है या जिस दिशा में ग्रह सूर्य की परिक्रमा करते हैं ।

लेकिन सूर्य अपनी धुरी पर विशेष ढंग से परिक्रमा करता है । हम कई बार बता चुके हैं कि संपूर्ण सूर्य गैसों का एक गोला है, इसलिए यह ठोस पिंड की तरह नहीं घूमता । सूर्य का विषुवत-रेखा के आसपास का प्रदेश तेज़ी से घूमता है और ध्रुवीय प्रदेश कुछ मंद गति से । जैसे, सूर्य की विषुवत-रेखा के पास यदि कोई सूर्य-कलंक हो तो हम देखेंगे कि उसके साथ सूर्य अपनी धुरी पर हमारे 25 दिनों में एक चक्कर लगा लेता है । सूर्य-कलंक यदि 30° अक्षांश पर हो तो उसे एक चक्कर लगाने में 26 दिन लगते हैं । परंतु सूर्य को ध्रुवीय प्रदेशों का एक चक्कर लगाने में 34

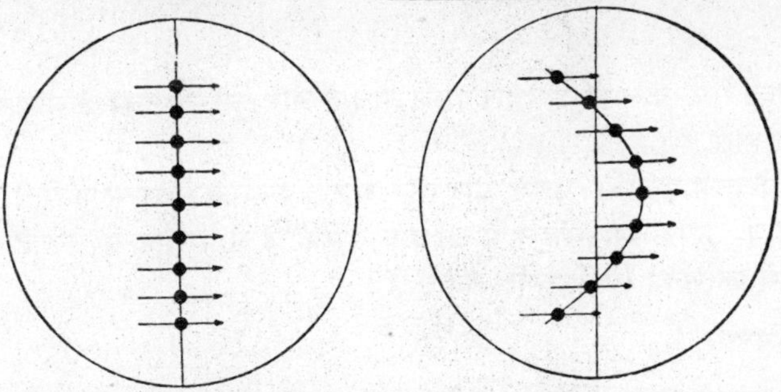

सूर्य अपनी धुरी पर ठोस पिंड की तरह नहीं घूमता। इसका विषुववृत्तीय क्षेत्र कुछ तेजी से घूमता है। अतः किसी स्थिति में सूर्य-कलंक यदि सीधी रेखा में हैं (बायीं ओर) तो एक घूर्णन के बाद विषुववृत्त के समीप के सूर्य-कलंक दूसरों से कुछ आगे बढ़े हुए दिखाई देंगे (दायीं ओर)।

दिन लगते हैं। इस प्रकार हम देखते हैं कि संपूर्ण सूर्य एक-सी रफ़्तार से अपनी धुरी पर परिक्रमा नहीं करता।

सूर्य की सतह पर ये कलंक क्यों प्रकट होते हैं, इसके बारे में अभी तक हमें ठोस जानकारी नहीं मिल पाई है। उसी प्रकार, हम यह भी नहीं जानते कि हर 11 साल बाद सूर्य की सक्रियता महत्तम क्यों हो जाती है। अनेक वैज्ञानिकों ने परिकल्पनाएँ प्रस्तुत की हैं, परंतु अभी तक वे एक ठोस निर्णय पर नहीं पहुँच पाए हैं। इतना निश्चित है कि इन सूर्य-कलंकों का और सूर्य की महत्तम सक्रियता का संबंध सूर्य की भीतरी ऊर्जा से है।

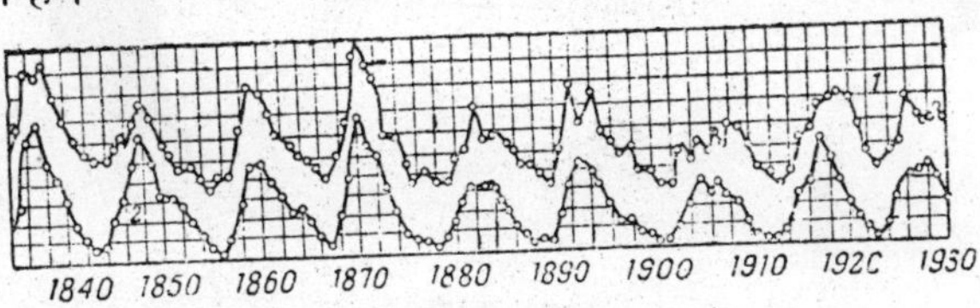

इस लेखा-चित्र में नीचे का वक्र एक सदी की न्यूनाधिक सौर-सक्रियता को दर्शाता है और पृथ्वी के चुम्बकीय क्षेत्र का ऊपर का वक्र उसका अनुकरण करता हुआ दिखाई देता है।

हमने बताया है कि सूर्य-कलंक प्रकाश-मंडल के निचले स्तर में प्रकट होते हैं। इन सूर्य-कलंकों के ऊपर, प्रकाश-मंडल में ही, बादलों जैसा दृश्य प्रकट होता है। एक विशेष उपकरण (स्पैक्टोहेलिओग्राफ) से यदि एक विशेष प्रकाश में इन चमकीले बादलों के चित्र उतारे जाएँ, तो सूर्य की सतह हमें नारंगी के छिलके की तरह दिखाई देती हैं। सूर्य की सतह के इस नज़ारे को अतिभा (फैकुली) कहते हैं। सूर्य के प्रकाश-मंडल

के ये धब्बे सूर्य-कलंकों के पहले प्रकट होते हैं और सूर्य-कलंकों के बाद में समाप्त होते हैं।

ये फैकुली प्रकाश-मंडल और वर्ण-मंडल के बीच में जन्म लेती हैं। फैकुली के ऊपर वर्ण-मंडल में अधिक चमकीले बादल जन्म लेते हैं। इन्हें हम ऊर्णिका (फ्लोकुली) कहते हैं।

सूर्य-ग्रहण

चंद्र जब प्रकाश-मंडल को पूरी तरह ढक लेता है तभी हम सूर्य के बाहरी वातावरण को देख सकते हैं। कारण यह है कि सूर्य का बाह्य वातावरण विरल गैसों से बना है और प्रकाश-मंडल की तेज चमक से यह दिखाई नहीं देता। खग्रास सूर्य-ग्रहण के समय ही हम वर्ण-मंडल और परिमंडल को देख सकते हैं। अब ऐसे उपकरण बने हैं जिनकी सहायता से प्रकाश-मंडल को ढका जा सकता है। लेकिन पिछली सदी तक केवल पूर्ण सूर्य-ग्रहण के समय ही सूर्य के बाहरी वातावरण को देखा जा सकता था।

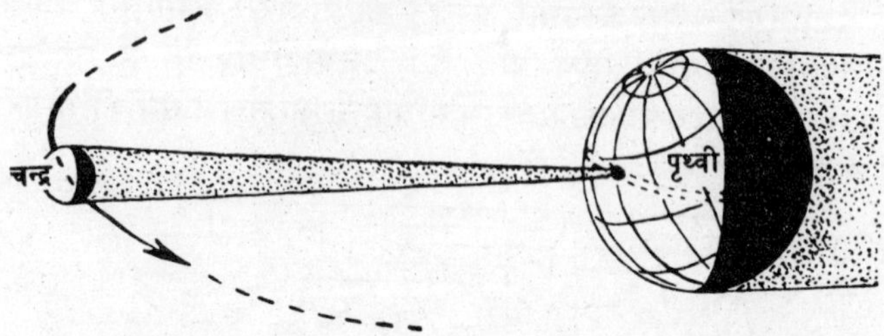

सूर्य-ग्रहण

एक सदी में करीब 237 सूर्य-ग्रहण होते हैं। इनमें करीब एक-चौथाई ग्रहण ही खग्रास होते हैं। सामान्यतः हर तीन साल में दो खग्रास सूर्य-ग्रहण होते हैं। ऐसे अवसरों पर ही खगोलविद सूर्य के बाह्य वातावरण का विशेष अध्ययन कर पाते हैं। ऐसे अवसरों पर वे बड़ी जहमतें उठाकर दूर-दूर के प्रदेशों की यात्राएँ करते हैं। इंग्लैंड के एक खगोलविद ने छह खग्रास सूर्य-ग्रहणों को देखने के लिए कुल मिलाकर एक लाख किलोमीटर की यात्रा की थी। किंतु वर्षा या बादलों के कारण वह इनमें से केवल एक ग्रहण को ही देख पाए थे! एक खग्रास सूर्य-ग्रहण 30 जून, 1973 को अफ्रीका में सहारा की मरुभूमि में दिखाई दिया। उस

ग्रहण के अध्ययन के लिए कई देशों के खगोलविद वहाँ पहुँचे थे। 16 फरवरी, 1980 को भारत में एक खग्रास सूर्य-ग्रहण देखा गया था। कहते हैं कि यह ग्रहण इस सदी का सर्वोत्तम खग्रास सूर्य-ग्रहण था।

खग्रास सूर्य-ग्रहण के समय चंद्र जब सूर्य के प्रकाश-मंडल को ढक लेता है तो चंद्र की काली परिधि के पास लाल रंग का चमकीला वलय दिखाई देता है। इसे ही **वर्ण-मंडल** का नाम दिया गया है। प्रकाश-मंडल के ऊपर यह वर्ण-मंडल 16 हजार किलोमीटर तक फैला हुआ है। इसी वर्ण-मंडल में ऊँची-ऊँची सौर-ज्वालाएँ उठती रहती हैं।

जनता में आज भी यह विश्वास कायम है कि सूर्य-ग्रहण के समय कोई राक्षस सूर्य को ग्रसित कर लेता है। मगर महान भारतीय ज्योतिषी आर्यभट (499 ई.) ने इस मिथ्या-विश्वास का खंडन करके स्पष्ट कहा था कि चंद्र की छाया जब पृथ्वी पर पड़ती है तब सूर्य-ग्रहण होता है।

वर्णमंडल के ऊपर सूर्य के बाह्य वातावरण का विशाल परिमंडल है।

हम बता चुके हैं कि सूर्य के प्रकाश-मंडल का तापमान लगभग 6000° सेंटीग्रेड रहता है। पाठक शायद सोचेंगे कि प्रकाश-मंडल के ऊपर के वर्ण-मंडल तथा परिमंडल का तापमान और भी कम होगा, लेकिन बात ऐसी नहीं है। हम जानते हैं कि सूर्य के केंद्रभाग में तापमान लगभग 2 करोड़ डिग्री सेंटीग्रेड होता है, लेकिन सतह पर यह तापमान छह हजार डिग्री से कुछ कम ही रह जाता है। इसलिए हम सोचते हैं कि और ऊपर यह तापमान और भी कम होगा। लेकिन स्थिति ऐसी नहीं है।

प्रकाश-मंडल के ऊपर ऊँचाई के साथ-साथ तापमान पुनः बढ़ने

लग जाता है। वर्ण-मंडल में यह तापमान 20,000° सेंटीग्रेड पर पहुँच जाता है और परिमंडल में लाखों डिग्री पर!

ऐसा क्यों होता है?

खगोलविदों का मत है कि सूर्य के प्रकाश-मंडल में समुद्रों की तरह की भीषण लहरें उठती रहती हैं। इनसे ध्वनि की तेज तरंगें उठती हैं, जो ऊपरी वातावरण की विरल गैसों को उष्ण बना देती हैं। इसलिए वर्ण-मंडल तथा परिमंडल का तापमान बढ़ जाता है।

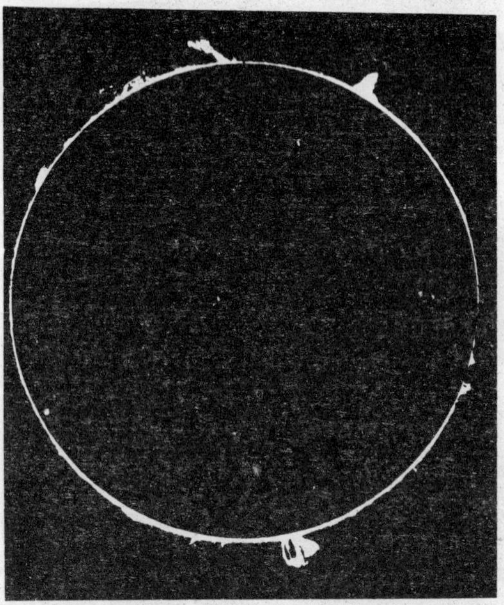

सूर्य-ग्रहण के अवसर पर सूर्य की सतह पर गर्म गैसों के लाखों किलोमीटर ऊँचे फौवारे उठते दिखाई देते हैं। इन्हें सौर-ज्वालाएँ कहते हैं।

वर्ण-मंडल में ऊँची-ऊँची अतितप्त सौर-ज्वालाएँ उठती रहती हैं। अब इन्हीं के बारे में हमें जानकारी प्राप्त करनी है।

सौर-ज्वालाएँ

कोरोनोग्राफ़ नामक दूरबीन-संयंत्र से सूर्य के प्रकाश-मंडल को ढककर वर्ण-मंडल में इन सौर-ज्वालाओं को देखा जा सकता है। ये ज्वालाएँ प्रायः सूर्य-कलंकों के ऊपर उठती हैं। लगता है कि इनका संबंध सूर्य की विद्युत-चुंबकीय धाराओं से होता है। ये सौर-ज्वालाएँ अति तप्त गैसों

की होती हैं और फौवारों की तरह लाखों किलोमीटर ऊपर उठकर नीचे आ गिरती हैं। कभी-कभी इनका उभार इतना तीव्र होता है कि ये सूर्य से टूटकर बाह्य अंतरिक्ष में भी फैल जा सकती हैं।

इन सौर-ज्वालाओं का दृश्य बड़ा अद्भुत होता है। ये कमान की तरह ऊपर परिमंडल में पहुँचकर पुनः सूर्य की सतह पर आ गिरती हैं। इनके वर्णक्रम के अध्ययन से पता चलता है कि इनका सूर्य की शक्तिशाली विद्युत-चुंबकीय धाराओं से विशेष संबंध है।

परिमंडल

वर्ण-मंडल के ऊपर सूर्य का परिमंडल है। यह वास्तव में सूर्य का वायुमंडल है। इस वायुमंडल की गैसें बहुत विरल हैं, लेकिन हम बता चुके हैं कि इस परिमंडल का तापमान लाखों डिग्री तक पहुँच जाता है।

परिमंडल की गैस अत्यंत उष्ण होती है, इसलिए यह फैलती जाती है। चूँकि बाह्य-अंतरिक्ष में परिमंडल की गैसों के फैलाव के लिए कोई बाधा नहीं होती, इसलिए यह धीरे-धीरे दूर तक फैल जाती है। अंत में इसका वेग 1000 किलोमीटर प्रति सेकंड हो सकता है। हाइड्रोजन गैस की यह सौर-वायु बाह्य 'सौर-मंडल' में फैलकर पृथ्वी तक पहुँच जाती है।

खग्रास सूर्य-ग्रहण के समय लिया गया चित्र। इसमें सूर्य-सतह से लाखों किलोमीटर की ऊँचाई तक फैला हुआ सूर्य का शुभ्र वायुमंडल (परिमंडल) स्पष्ट दिखाई देता है।

सूर्य की यह वायु करीब दस दिन बाद पृथ्वी के पास पहुँचती है। लेकिन यह हमारे धरातल तक नहीं पहुँच पाती, क्योंकि पृथ्वी का विद्युत-चुंबकीय क्षेत्र इसे वायुमंडल के ऊपरी भाग में ही रोक लेता है।

लेकिन यह सौर-वायु दूसरे ग्रहों तक भी पहुँच जाती है। इसके वेग तथा इसकी शक्ति पर विचार करने से हम इस नतीजे पर पहुँचते हैं कि यह सौर-वायु नेपच्यून ग्रह (सूर्य से 450 करोड़ किलोमीटर दूर) तक पहुँचती होगी। संभवतः यह सौर-मंडल के अंतिम ग्रह प्लूटो (सूर्य से करीब 600 करोड़ किलोमीटर दूर) तक भी पहुँच जाती है। इस प्रकार हम देखते हैं कि संपूर्ण सौर-मंडल सूर्य के वायुमंडल से व्याप्त है।

संक्षेप में, सूर्य की उथल-पुथल का सौर-मंडल के सभी पिंडों पर प्रभाव पड़ता है। सूर्य की सतह से विभिन्न किरणों का उत्सर्जन होता रहता है। ये किरणें सौर-मंडल के पिंडों के वातावरण को प्रभावित करती हैं। इसलिए अब हमें देखना है कि हमारी पृथ्वी को सूर्य किस प्रकार प्रभावित करता रहता है।

पृथ्वी पर सूर्य का प्रभाव

आकाशवाणी के केंद्रों से रेडियो-तरंगें प्रसारित की जाती हैं। ये रेडियो-तरंगें विद्युत-चुंबकीय विकिरण होती हैं और प्रकाश के वेग (एक सेकंड में 3,00,000 किलोमीटर) से दौड़ती हैं। हम दिल्ली, मास्को, लंदन आदि स्थानों से प्रसारित कार्यक्रमों को अपने रेडियो में सुनते हैं।

यह कैसे संभव है ? पृथ्वी की वक्रता इन रेडियो-तरंगों के मार्ग में बाधक नहीं बनती ?

पृथ्वी की वक्रता इन रेडियो-तरंगों के मार्ग में बाधक अवश्य बनती है। फिर भी दूर-दूर के केंद्रों से प्रसारित इन रेडियो-तरंगों को हम अपने रेडियो-सेट में ग्रहण करते हैं। कारण यह है कि ये रेडियो-तरंगें ऊपरी वायुमंडल में पहुँचकर एक निश्चित ऊँचाई से पुनः धरती की ओर लौटती हैं। ऊपर जाकर लौटने के इस सिलसिले को कई बार दोहराने के बाद ही ये रेडियो-तरंगें घरों के ऊपर लगे हुए एरियलों से आ टकराती हैं।

वायुमंडल में 100 से 300 किलोमीटर ऊपर वायु की एक विशेष परत है। इस परत की वायु वायुमंडल के निचले स्तरों की वायु की तरह नहीं है। हम जानते हैं कि हमारे वायुमंडल में नाइट्रोजन तथा आक्सीजन की अधिकता है। दरअसल, 99 प्रतिशत वायुमंडल इन्हीं दो गैसों से बना है। इनके अलावा हमारे वायुमंडल में कार्बन-डाइऑक्साइड, आरगोन, आदि कुछ अन्य गैसें भी अल्पमात्रा में मौजूद हैं।

वायुमंडल के निचले स्तरों में ये गैसें अणु या परमाणुओं की स्थिति में होती हैं। किंतु ऊपरी वायुमंडल में परमाणुओं में से कुछ इलेक्ट्रॉन अलग हो जाते हैं। परमाणु के नाभिक धनावेशी होते हैं और इलेक्ट्रॉन ऋणावेशी कण होते हैं। इस प्रकार ऊपरी वायुमंडल में एक अद्भुत किस्म की गैस का मिश्रण तैयार हो जाता है। इस मिश्रण में आजाद इलेक्ट्रॉन होते हैं, परमाणु के नाभिक होते हैं और ऐसे परमाणु भी होते हैं जिनके एक या अधिक इलेक्ट्रॉन टूटकर अलग हो चुके होते हैं। परमाणु

आवेश की दृष्टि से संतुलित होता है। लेकिन जिस परमाणु के एक या अधिक (सारे नहीं) इलेक्ट्रॉन अलग हो चुके होते हैं वह धनावेशी बन जाता है। ऐसे परमाणु को हम ऑयन कहते हैं।

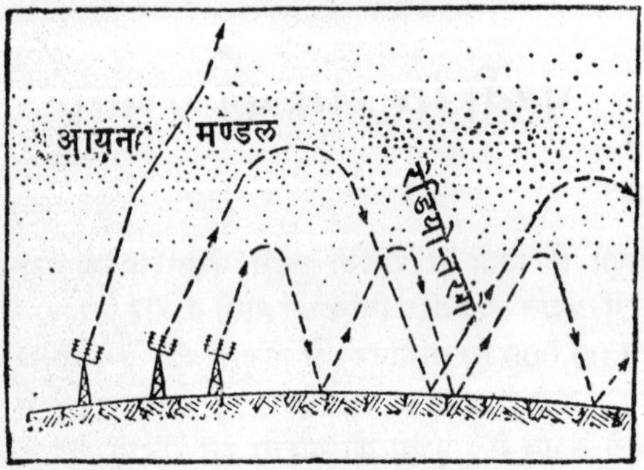

रेडियो-तरंगें ऑयन-मंडल से टकराकर धरातल पर लौट आती हैं।

ऊपरी वायुमंडल में गैसों का घनत्व बहुत कम होता है। सूर्य की शक्तिशाली एक्स-किरणें तथा पराबैंगनी किरणें जब ऊपरी वायुमंडल में पहुँचती हैं तो वे गैसों के परमाणुओं को ऑयनों में बदल देती हैं, यानी उनके कुछ इलेक्ट्रॉनों को अलग कर देती हैं। ऊपरी वायुमंडल में ऑयनीकृत गैसों की एक परत तैयार हो जाती है। वैज्ञानिकों ने गैसों की इस विशेष परत को 'ऑयन-मंडल' का नाम दिया है। यह ऑयन-मंडल ऊपर 100 से 300 किलोमीटर तक फैला हुआ है।

रेडियो-स्टेशनों से प्रसारित रेडियो-तरंगें इसी ऑयन-मंडल से टकराकर धरती पर लौट आती हैं। रेडियो-स्टेशन यदि दूर हो तो ये रेडियो-तरंगें धरातल और ऑयन-मंडल से कई बार परावर्तित होकर एरियलों तक पहुँचती हैं। इस प्रकार, ऑयन-मंडल को हम 'रेडियो छत' या 'रेडियो दर्पण' मान सकते हैं। पृथ्वी के ऊपरी वायुमंडल में इस ऑयन-मंडल की खोज इसी सदी में हुई है। तदनंतर ही रेडियो प्रसारण का सिलसिला शुरू हुआ है। हम सभी जानते हैं कि रेडियो प्रसारण अब आधुनिक जीवन का कितना महत्त्वपूर्ण अंग बन गया है।

यह सब सूर्य की कृपा है। सूर्य के वर्णमंडल और परिमंडल से शक्तिशाली एक्सकिरणों तथा पराबैंगनी किरणों का उत्सर्जन होता रहता है। ये किरणें जब ऊपरी वायुमंडल की गैसों के अणु-परमाणुओं से टकराती हैं तो ऑयनों को जन्म देती हैं। इस प्रकार पृथ्वी के चारों ओर एक ऑयन-मंडल बन जाता है।

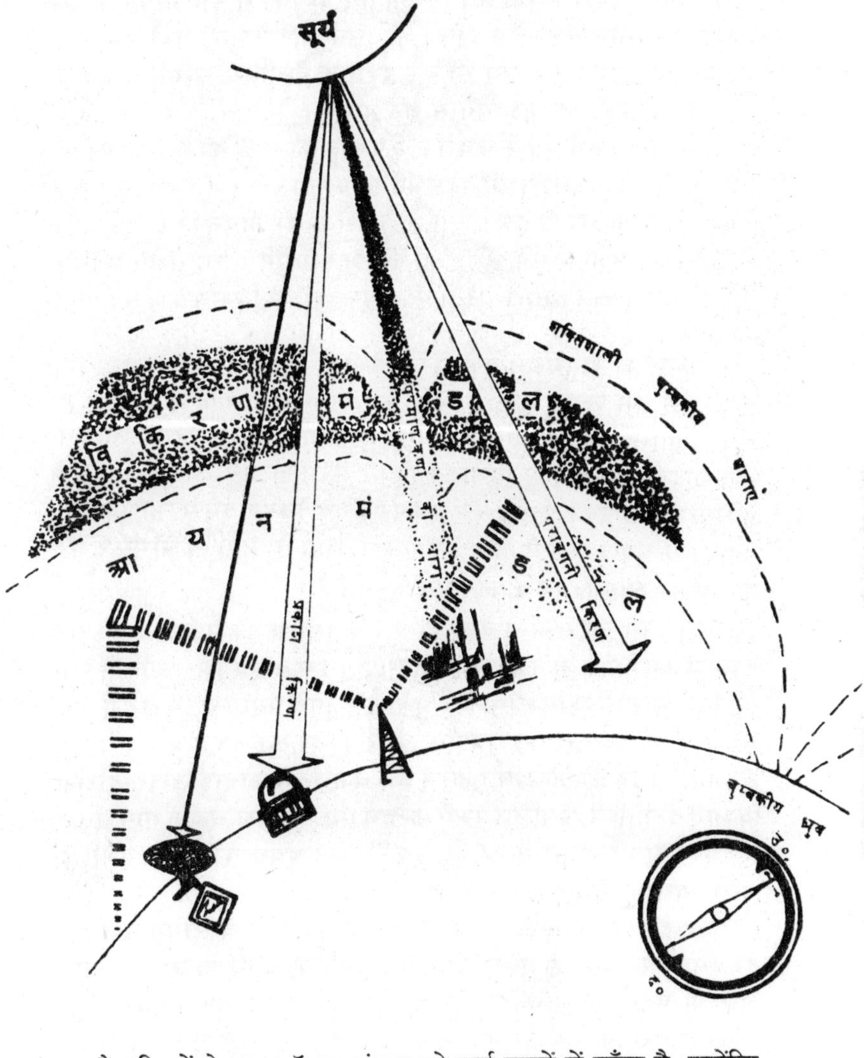

वैज्ञानिकों ने इस ऑयन-मंडल को कई स्तरों में बाँटा है, क्योंकि सभी स्तरों में ऑयनीकरण एक-सा नहीं होता। विभिन्न तरंग-दैर्घ्यों वाली रेडियो-तरंगें ऑयन-मंडल के इन विभिन्न स्तरों में पहुँचकर धरातल पर लौटती हैं। छोटे तरंग-दैर्घ्यों वाली रेडियो-तरंगें इस ऑयन-मंडल को पार करके अंतरिक्ष में पहुँच जा सकती हैं।

अतः स्पष्ट है कि सूर्य के विकिरण से ही हमारी धरती के वायुमंडल में यह ऑयन-मंडल बना है। पिछले कई दशकों से इस ऑयन-मंडल का हम इस्तेमाल कर रहे हैं। फिर भी इसके बारे में सारी बातें अभी तक स्पष्ट नहीं हो पाई हैं। अब भी कई देशों के वैज्ञानिक सामूहिक रूप में इस ऑयन-मंडल के अध्ययन में जुटे हुए हैं।

अब तक हमने सूर्य के केवल एक प्रभाव की चर्चा की है। दरअसल, सूर्य हर तरह से हमारी पृथ्वी को प्रभावित करता रहता है। हम बता चुके हैं कि सूर्य के कारण ही इस धरती पर प्राणियों का जीवन टिका हुआ है। यहाँ हम इन सभी प्रभावों की चर्चा नहीं कर पाएँगे। हम संक्षेप में सिर्फ यही देखेंगे कि सूर्य हमारी धरती के वायुमंडल को किस प्रकार प्रभावित करता है।

धरती का वायुमंडल हजारों किलोमीटर ऊपर तक फैला हुआ है। जैसे-जैसे हम ऊपर जाते हैं, वैसे-वैसे वायु का घनत्व कम होता है, लेकिन तापमान बढ़ता जाता है। 100 किलोमीटर के ऊपर ऑक्सीजन तथा नाइट्रोजन के अणु विघटित होकर परमाणु बन जाते हैं। इससे अधिक ऊँचाई पर सूर्य की एक्स एवं पराबैंगनी किरणें इन परमाणुओं को ऑयनों में बदल देती हैं और इस प्रकार 100 से 300 किलोमीटर की ऊँचाई पर ऑयन-मंडल का निर्माण होता है।

कुतुबनुमे को सभी ने देखा होगा। कुतुबनुमे की सूई से हमें उत्तर तथा दक्षिण दिशाओं का ज्ञान हो जाता है। इस कुतुबनुमे ने सदियों तक नाविकों का मार्गदर्शन किया है। चुंबकों के साथ प्रयोग करने से हमें पता चलता है कि इनके समान ध्रुव एक-दूसरे को दूर ढकेलते हैं और असमान ध्रुव एक-दूसरे को आकर्षित करते हैं। कुतुबनुमे की सूई उत्तर-दक्षिण दिशाएँ दर्शाती है, इसलिए पृथ्वी को हम एक विशाल चुंबक मान सकते हैं। पृथ्वी एक विशाल चुंबक है। इस विशाल चुंबक की धाराएँ पृथ्वी के चारों ओर वायुमंडल में व्याप्त हैं।

ऊपर पृथ्वी के चुंबकत्व के बारे में मोटे तौर पर बतलाया गया है। दरअसल, यह बड़ा ही गहन विषय है। पृथ्वी के चुंबकत्व के बारे में हम अब भी बहुत-सी बातें ठीक से नहीं जानते। पृथ्वी का चुंबकीय क्षेत्र ऊपर हज़ारों किलोमीटर तक फैला हुआ है। यह चुंबकीय क्षेत्र ऊपरी वायुमंडल को प्रभावित करता है और यह सूर्य के विकिरण द्वारा स्वयं भी प्रभावित होता है।

पृथ्वी के ऊपरी वायुमंडल का और चुंबकीय क्षेत्र का अध्ययन पिछले कुछ दशकों से ही आरंभ हुआ है। हम बता चुके हैं कि हर 11 साल बाद सूर्य की सक्रियता बढ़ जाती है। 1957-58 में सूर्य की सक्रियता

महत्तम होनेवाली थी, इसीलिए सूर्य तथा ऊपरी वायुमंडल पर इसके प्रभाव का अध्ययन करने के लिए संसार भर के वैज्ञानिकों ने एक योजना बनाई। इस योजना को 'अंतर्राष्ट्रीय भूभौतिकीय वर्ष' का नाम दिया गया। इस सामूहिक अध्ययन से हमें सूर्य की सक्रियता तथा ऊपरी वायुमंडल के बारे में बहुत-सी नई बातों की जानकारी मिली। ऊपरी वायुमंडल के अध्ययन के लिए पहली बार राकेट तथा कृत्रिम उपग्रह अंतरिक्ष में भेजे गए। अब सूर्य के अध्ययन के लिए विशेष उपग्रह अंतरिक्ष में भेजे जाते हैं।

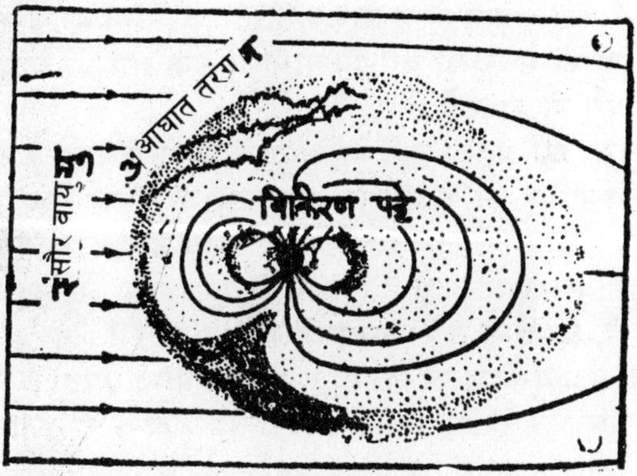

सूर्य की भीषण उथल-पुथल से जन्म लेनेवाली सौरवायु जब पृथ्वी के ऊपरी वायुमंडल में पहुँचती है तो चुंबकीय धाराओं तथा विकिरणों के पट्टों को जन्म देती है। चित्र के केंद्रभाग का काला वृत्त हमारी पृथ्वी है।

पहली बार हमें जानकारी मिली कि कई हजार किलोमीटर ऊपर वायुमंडल के आवेशी कणों की दो परतें हैं। 1958 में जे. वान एलेन नामक वैज्ञानिक ने इन परतों की खोज की थी, इसलिए इन्हें 'वान एलेन मंडलों' का नाम दिया गया है। पृथ्वी की चुंबकीय धाराओं के कारण आवेशी कण इन मंडलों में फँस जाते हैं और मँडराते रहते हैं। सूर्य की घटती-बढ़ती सक्रियता का इन मंडलों पर असर पड़ता है।

पहले हमने 'सौर-वायु' की चर्चा की है। हमने बताया है कि यह सौर-वायु सूर्य के परिमंडल से उत्सर्जित होकर प्लूटो ग्रह तक फैल जाती है। जब यह सौर-वायु पृथ्वी के ऊपरी वायुमंडल के पास पहुँचती है तो पृथ्वी का चुंबकीय क्षेत्र इसे भीतर घुसने नहीं देता। लेकिन यह सौर-वायु दिन के समय प्रकाशित गोलार्द्ध के ऊपर पृथ्वी की चुंबकीय धाराओं को कुछ दबोच देती है। दूसरी ओर, अंधकारमय गोलार्द्ध के ऊपर पृथ्वी का चुंबकीय क्षेत्र कुछ फैल जाता है।

इस प्रकार सूर्य का विकिरण या सूर्य की ऊर्जा के प्रोटॉन तथा इलेक्ट्रान जैसे कण पृथ्वी के चुंबकीय क्षेत्र की धाराओं मे फँस जाते हैं और ये ऊपरी वायुमंडल में विचित्र परिस्थितियों को जन्म देते हैं।

पहले हमने सूर्य की वायु तथा ज्वालाओं की चर्चा की है। हमने यह भी देखा है कि पृथ्वी पर इनका प्रभाव पड़ता है। इनके अलावा सूर्य की और एक घटना है जो पृथ्वी के वायुमंडल को सर्वाधिक प्रभावित करती है। इसे हम 'सौर-तेजोग्नि' कहते हैं। चमकीले अतितप्त गैस के बादल के रूप में सूर्य-कलंकों के आसपास सौर-तेजोग्नि का जन्म होता है और चंद मिनटों में लाखों वर्ग-किलोमीटर तक सूर्य का वायुमंडल अत्यंत कांतिमय हो जाता है।

हम नहीं बता सकते कि सौर-तेजोग्नि कब जन्म लेगी। लेकिन सौर-तेजोग्नि की सर्वाधिक सक्रियता के दौरान सूर्य की सतह पर ऊँची-ऊँची सौर-ज्वालाएँ उठती हैं। सूर्य से हाइड्रोजन गैसों की लपटें टूटकर अलग हो जाती हैं। इनमें से कुछ द्रव्य, जो प्लाज्मा के रूप में होता है, धरती के ऊपरी वायुमंडल में पहुँचता है। सूर्य का यह प्लाज्मा पृथ्वी के वायुमंडल को विशेष रूप से प्रभावित करता है। वायुमंडल में तीव्र चुंबकीय तूफान उठते हैं और ध्रुवीय प्रकाश का नजारा दिखाई देता है।

उत्तरी तथा दक्षिणी ध्रुवीय प्रदेशों में 100 से 200 किलोमीटर ऊपर चमकीला प्रकाश दिखाई देता है। इसे ही 'ध्रुवीय प्रकाश' या 'सुमेरु ज्योति' कहते हैं। सौर-तेजोग्नि के समय प्रोटॉन और इक्लेट्रॉन पृथ्वी के ऊपरी वायुमंडल में प्रवेश करते हैं। इस प्रकार वान एलेन मंडलों की सक्रियता बढ़ जाती है। इसका प्रभाव वायुमंडल की निम्न परतों पर भी पड़ता है। पृथ्वी के चुंबकीय क्षेत्र की धाराएँ सूर्य के इन आवेशी कणों को ध्रुवीय प्रदेशों की ओर मोड़ देती हैं, जिससे वहाँ चमकीला प्रकाश दिखाई देता है। सौर-तेजोग्नि के बाद ही ध्रुवीय प्रकाश दिखाई देता है।

सौर-तेजोग्नि के समय चुंबकीय तूफान उठते हैं। इससे हमारे बेतार के संचार-साधनों में बड़ी रुकावटें पैदा होती हैं। रेडियो में भी घरघराहट होती है। सौर-तेजोग्नि का प्रभाव करीब एक घंटे तक रहता है। इसके बाद सबकुछ शांत हो जाता है। लेकिन इस एक घंटे में हमें अनेक कठिनाइयों का सामना करना पड़ता है। जहाज़ों और विमानों के साथ संबंध टूट सकता है।

कुछ वैज्ञानिकों का मत है कि सौर-तेजोग्नि से जो बड़े चुंबकीय तूफान उठते हैं, वे मानव शरीर को भी प्रभावित करते हैं। कहते हैं कि

हृदय रोग बढ़ जाते हैं। मनुष्य के रक्त-प्रवाह पर भी असर पड़ता है। यह सब स्वाभाविक भी है। परंतु सौर-तेजोग्नि और मानव शरीर पर उसके प्रभाव के संबंध को निश्चित रूप से स्थापित नहीं किया गया है। इस दिशा में अध्ययन जारी है।

फलित ज्योतिषियों का दावा है कि आकाश के पिंड मानव-जीवन को प्रभावित करते हैं। लेकिन फलित-ज्योतिष में आकाशीय पिंडों की भौतिकी का अध्ययन नहीं होता। फलित-ज्योतिष की जिन पुरानी पोथियों के आधार पर भाग्य बताया जाता है, उनके लेखकों को आकाश के पिंडों के भौतिक गुणधर्मों के बारे में कोई जानकारी नहीं थी। फलित-ज्योतिषी आकाश में इन पिंडों की स्थिति के आधार पर ही भविष्य बताने का दावा करते हैं।

सभी जानते हैं कि सूर्य हमारे जीवन को सबसे अधिक प्रभावित करता है। लेकिन उस प्रकार नहीं जिस प्रकार फलित-ज्योतिषी बताते हैं। सूर्य अपने विकिरण के माध्यम से पृथ्वी तथा इसके जीव-जगत को प्रभावित करता है। और सूर्य के इस विकिरण के बारे में सही जानकारी हमें इसी सदी में मिली है।

सूर्य से उत्सर्जित सभी प्रकार की किरणें पृथ्वी के धरातल तक नहीं पहुँच पातीं। प्रकाश किरणें धरातल पर पहुँचती हैं। इसीलिए, विकास के अंतर्गत, हमारी आँखें इनको ग्रहण करने योग्य बनी हैं। प्रकाश किरणों के अलावा कम लंबाई की रेडियो-तरंगें भी हमारी धरती पर पहुँचती हैं। दूसरे महायुद्ध के समय ही हमें जानकारी मिली कि सूर्य तथा दूसरे तारों से रेडियो-तरंगें धरती पर पहुँचती रहती हैं। इनको ग्रहण करने के लिए रेडियो-दूरबीनों का निर्माण हुआ।

प्रकाश-किरणें और रेडियो-तरंगें। बस, धरातल पर खड़े रहकर इन्हीं दो 'खिड़कियों' से हम आकाश का अवलोकन कर सकते हैं। अवरक्त, पराबैंगनी, गामा, एक्स तथा ब्रह्मांड किरणें ऊपरी वायुमंडल में ही रोक ली जाती हैं। अतः इनके अध्ययन के लिए राकेटों और उपग्रहों में संयंत्र स्थापित करके ऊपर भेजे जाते हैं। पिछले कुछ दशकों से ही हमें इन किरणों के बारे में जानकारी मिल रही है।

कहने के लिए हम सूर्य से बहुत दूर हैं—15 करोड़ किलोमीटर दूर। फिर भी हम सूर्य से अलग नहीं हैं। दरअसल, हमारी पृथ्वी सूर्य के वातावरण में ही विचरण करती है। सूर्य की हर हलचल का पृथ्वी तथा इसके जीव-जगत पर प्रभाव पड़ता है। हमने देखा है कि पिछले करीब पाँच अरब साल से सूर्य पृथ्वी को प्रभावित करता आया है और आगे अरबों साल तक प्रभावित करता रहेगा।

सूर्य का जन्म और अंत

पुराने ज़माने के लोग सोचते थे कि आकाश के ग्रह-नक्षत्रों में कोई रद्दोबदल नहीं होती । वे सोचते थे कि इस विश्व का कोई आदि-अंत नहीं, यह अनादि-अनंत है । लेकिन आज हम जानते हैं कि इस विश्व में कोई भी चीज अनादि-अनंत नहीं है । इस विश्व में सभी कुछ निरंतर बदलता रहता है । इस विश्व की कोई चीज स्थिर नहीं है ।

भौतिक-विज्ञान का सुदृढ़ सिद्धांत है कि द्रव्य का विनाश संभव नहीं । द्रव्य ऊर्जा में बदल सकता है और ऊर्जा द्रव्य में बदल सकती है, यह हमने देखा है । विकिरण, विद्युत-चुंबकीय क्षेत्र, आदि द्रव्य के ही विविध रूप हैं । दिक् या आकाश का अस्तित्व भी द्रव्य के कारण ही है । द्रव्य-रहित आकाश की हम कल्पना भी नहीं कर सकते । जहाँ द्रव्य है वहाँ आकाश (स्पेस) है और जहाँ आकाश है वहाँ द्रव्य अवश्य विद्यमान है । अतः मूल चीज है द्रव्य । इसलिए किसी भी भौतिक पिंड के 'जन्म' के समय द्रव्य अवश्य मौजूद रहता है और उसकी 'मृत्यु' के समय भी द्रव्य मौजूद रहता है ।

किसी वैज्ञानिक से यदि आप पूछें कि विश्व के अरबों-ख़रबों पिंडों का द्रव्य कहाँ से आया, तो इस प्रश्न का उसके पास कोई जवाब नहीं । वह सिर्फ यही बता सकता है कि यह द्रव्य किन परिस्थितियों में कौन-सा रूप धारण करता है । जैसे, विश्व की उत्पत्ति के बारे में एक सिद्धांत यह है कि, करीब बीस अरब साल पहले समस्त ज्ञेय विश्व का द्रव्य—समस्त मंदाकिनियों और उनके तारों का द्रव्य—एक महापिंड में पुंजीभूत था । किसी वजह से उस महापिंड में विस्फोट हुआ और उसका द्रव्य छितर गया । उसी द्रव्य से मंदाकिनियाँ, उनके तारे, तारों के ग्रह-उपग्रह और इन ग्रहों के जीव-जगत अस्तित्व में आए हैं ।

हमारी आकाशगंगा-मंदाकिनी में करीब 150 अरब तारे हैं । हमारा सूर्य इनमें से एक सामान्य तारा है । आकाशगंगा-मंदाकिनी में सूर्य से बड़े और अधिक ऊर्जावाले तारे भी हैं । आकाशगंगा के कुछ तारे हमारे

सूर्य से छोटे भी हैं। खगोलविदों ने पिछली एक सदी में आकाशगंगा के अनेक प्रमुख तारों का अध्ययन किया है। इस अध्ययन से हमें तारों के तापमान, आकार-प्रकार, घनत्व, ऊर्जा आदि के बारे में ठोस जानकारी मिली है। इस जानकारी के आधार पर कई खगोलविदों ने तारों के विकास के बारे में सिद्धांत प्रस्तुत किए हैं।

पुराने ज़माने में हमारा देश ज्योतिष-ज्ञान में दूसरे देशों से पीछे नहीं था। बीच के काल में हम पिछड़ गए थे। लेकिन अब हमारे देश में भी चोटी के वैज्ञानिक पैदा हो रहे हैं। डा. सुब्रह्मण्यम् चंद्रशेखर हमारे देश के एक चोटी के खगोलविद हैं। उनकी खोज का विषय ही है : तारों का जन्म और अंत। उन्होंने तारों की उत्पत्ति एवं विकास के बारे में नए सिद्धांत स्थापित किए हैं और उनके इन सिद्धांतों को मान्यता भी मिली है। डा. चंद्रशेखर स्थायी रूप से अमरीका में बस गए हैं और खोज कार्य में जुटे हुए हैं। डा. चंद्रशेखर को 1983 ई. में भौतिकी का नोबेल पुरस्कार मिला।

हमारी आकाशगंगा-मंदाकिनी में कई प्रकार के तारे हैं। कुछ तारे बड़े हैं, कुछ छोटे हैं। कुछ तारे अधिक ऊर्जा पैदा करते हैं, तो कुछ तारे बुझ भी चुके हैं। कुछ तारों का घनत्व बहुत कम है, तो कुछ तारों का बहुत अधिक। कुछ तारे अभी-अभी पैदा हुए हैं, तो कुछ तारे बूढ़े हो चुके हैं। इन सब तारों का अध्ययन करके खगोलविदों ने तारों के विकास के बारे में एक रूपरेखा प्रस्तुत की है। इसी रूपरेखा के आधार पर हम अपने सूर्य-तारे के जन्म एवं अंत के बारे में कुछ बातें जान सकते हैं।

आज के खगोलविदों का मत है कि करीब छह-सात अरब साल पहले आकाशगंगा के एक विशाल गैसीय मेघ के द्रव्य से हमारे सूर्य का जन्म हुआ। गैस और धूलि का यह गोला धीरे-धीरे सिकुड़ता गया। इस सिकुड़न से इसमें गति पैदा हुई और यह घूमने लगा। उसी समय इसके बाहरी द्रव्य से ग्रह-उपग्रह अस्तित्व में आए—धीरे-धीरे।

इस प्राक्-सूर्य का द्रव्य अपने गुरुत्वाकर्षण के कारण धीरे-धीरे उष्ण होता गया। सूर्य चमकने लगा। इसके केंद्रभाग का तापमान लाखों डिग्री पर पहुँच गया।

उस समय के सूर्य में हाइड्रोजन गैस सर्वाधिक थी। अत्यधिक उष्णता के कारण सूर्य के केंद्रभाग के हाइड्रोजन-नाभिक आपस में ज़ोर से टकराने लगे। इस टकराव से इतनी अधिक उष्णता बढ़ी कि ये नाभिक आपस में जुड़कर हीलियम के नाभिकों को जन्म देने लगे। इस प्रकार सूर्य के केंद्रभाग में नाभिकीय संगलन की प्रक्रिया शुरू हो गई। हम बता चुके हैं कि संगलन की इस प्रक्रिया से हाइड्रोजन के नाभिक आपस में

मिलकर हीलियम के नाभिकों में बदल जाते हैं। इस प्रकार सूर्य के केंद्रभाग में उसकी भट्ठी बनकर तैयार हो गई। सूर्य के केंद्रभाग का तापमान डेढ़ करोड़ डिग्री सेंटीग्रेड पर पहुँच गया।

तब से आज तक सूर्य अपनी ऊर्जा का उत्सर्जन करता आ रहा है। हम बता चुके हैं कि एक सेकंड में सूर्य का 40 लाख टन द्रव्य ऊर्जा में बदल जाता है। लेकिन इसका अर्थ यह नहीं है कि शुरू से आज तक सूर्य समान रूप से जल रहा है। खगोलविद हमें जानकारी देते हैं कि सूर्य का तापमान धीरे-धीरे बढ़ता रहा है। इसका आकार भी पाँच प्रतिशत बढ़ा है। आकार के साथ-साथ इसकी कांति भी बढ़ी है। छह अरब साल पहले के सूर्य से आज के सूर्य की कांति करीब 25 प्रतिशत अधिक है। सूर्य की कांति आगे भी बढ़ती जाएगी। इसका आकार भी बढ़ता जाएगा। अधिकांश तारों का विकास इसी प्रकार होता है।

हमारा सूर्य मध्यम आकार का तारा है। खगोल-विज्ञान की शब्दावली में हम इसे पीले रंग का एक 'बौना तारा' मान सकते हैं। आकाश के नीले तारे हमारे सूर्य से अधिक उष्ण होते हैं और लाल रंग के तारे सूर्य से कम उष्ण होते हैं।

आकाशगंगा-मंदाकिनी के अन्य तारों के अध्ययन के आधार पर हम अपने सूर्य के भविष्य के बारे में जान सकते हैं। इस समय सूर्य की भट्ठी इसके केंद्रभाग में है। जब सूर्य के केंद्रभाग का हाइड्रोजन ईंधन काफी घट जाएगा, तब ताजे हाइड्रोजन की खोज में यह भट्ठी सूर्य की ऊपरी सतहों में पहुँचती जाएगी।

प्याज के छिलकों के रूप में हम सूर्य के विभिन्न स्तरों की कल्पना कर सकते हैं। निचले स्तर का हाइड्रोजन ईंधन घट जाने पर सूर्य की भट्ठी ऊपरी स्तरों में फैल जाएगी। इस प्रकार सूर्य का आकार बढ़ता ही जाएगा। साथ ही, सूर्य से उत्सर्जित होनेवाली ऊर्जा एवं ऊष्मा काफी बढ़ जाएगी।

सूर्य की भट्ठी जब इसके बाहरी स्तरों में पहुँचेगी तो इसका आकार बहुत अधिक बढ़ जाएगा। तब हमारा सूर्य लाल रंग का एक विशाल दानव-तारा बन जाएगा। यह इतना बड़ा बन जाएगा कि बुध और शुक्र ग्रह ही नहीं, बल्कि हमारी पृथ्वी और मंगल ग्रह भी इसके उदर में समा जाएँगे! स्मरण रहे कि आज मंगल ग्रह करीब 23 करोड़ किलोमीटर की दूरी से सूर्य की परिक्रमा करता है।

तब पृथ्वी के जीव-जगत का क्या होगा? ज़ाहिर है कि उस समय पृथ्वी का सारा जीव-जगत समाप्त हो जाएगा। लेकिन इससे हमें चिंता

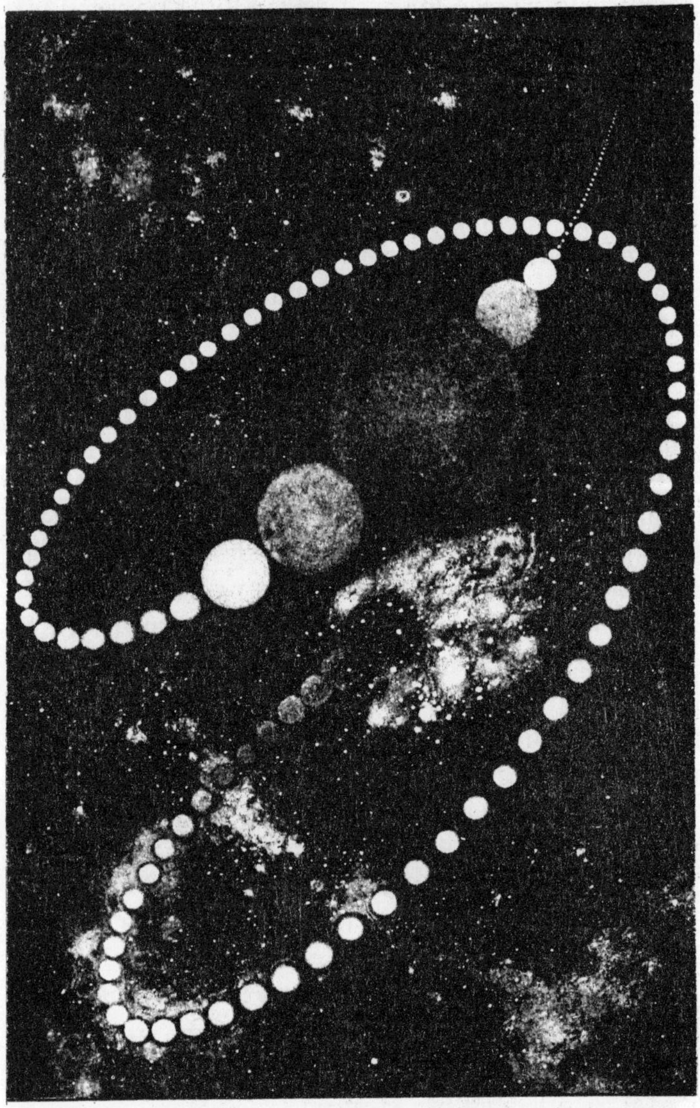

सूर्य-जैसा तारा नीहारिका के द्रव्य से जन्म लेने के बाद लंबे समय तक सुस्थिर बना रहता है। फिर यह फूलकर 'लाल दानव' बन जाता है। अंत में यह सिकुड़कर अत्यंत सघन 'श्वेत वामन' बन जाता है।

नहीं होनी चाहिए। करीब पाँच अरब साल बाद ही सूर्य उस अवस्था पर पहुँचेगा।

अंत में सूर्य का सारा हाइड्रोजन ईंधन खर्च हो जाएगा। सूर्य की नाभिकीय भट्ठी बुझ जाएगी। तब सूर्य ठंडा होकर पुनः सिकुड़ने लगेगा। यह इतना अधिक सिकुड़ जाएगा कि अंत में यह पृथ्वी के आकार का पिंड बनकर रह जाएगा। तब सूर्य की द्रव्यराशि का घनत्व बहुत अधिक होगा। ऐसे सूर्य की द्रव्यराशि का एक घन-सेंटीमीटर द्रव्य कई टन होगा। खगोलविद ऐसे सघन एवं बुझे हुए तारों को 'श्वेत वामन' तारे कहते हैं। हमारी आकाशगंगा में ऐसे अनेक श्वेत वामन तारे मौजूद हैं।

सभी तारे अंत में श्वेत वामन तारे नहीं बनते। बड़े तारों का विकास एवं अंत कुछ भिन्न प्रकार से होता है। वे अंत में भीषण विस्फोट के साथ विखंडित हो जाते हैं और उनकी द्रव्यराशि आकाश में बिखर जाती है। ऐसे तारों को 'नोवा' या 'सुपरनोवा' कहते हैं। हमारी आकाशगंगा में अनेक सुपरनोवा मौजूद हैं। हमारा सूर्य एक छोटा तारा है, इसलिए इसके नोवा या सुपरनोवा बनने की संभावना नहीं है।

सुपरनोवा का जो द्रव्य आकाश में बिखर जाता है, उससे अंत में पुनः नए तारे बनते हैं। खगोलविदों का मत है कि हमारा सूर्य ऐसे ही द्रव्य से बना है। यदि हमारा सूर्य ताजे द्रव्य से बना होता, तो इसमें लोहे जैसे भारी तत्त्व मौजूद न होते। लेकिन हम जानते हैं कि अल्पमात्र में ही सही, हमारे सूर्य में लोहे जैसे भारी तत्त्व मौजूद हैं। इससे पता चलता है कि हमारा सूर्य किसी सुपरनोवा की बिखरी हुई द्रव्यराशि के मेल से बना है।

ऐसा है हमारा सूर्य! इसके बारे में अधिकांश जानकारी हमें पिछले सौ सालों में ही मिली है। अभी भी सूर्य के बारे में हम कई बातें नहीं जानते। अब अंतरिक्ष में पहुँचकर भी सूर्य का अध्ययन किया जा रहा है। इसलिए यह निश्चित है कि भविष्य में हमें सूर्य के बारे में और भी अधिक जानकारी मिलेगी।

सूर्य सब से निकट का तारा है। इसके अध्ययन से हमें दूसरे तारों के बारे में नई बातें जानने को मिलेंगी। हमारा जीवन सूर्य पर निर्भर है। इसलिए सूर्य के बारे में अधिकाधिक जानकारी प्राप्त करना अत्यंत ज़रूरी है। हम जानते हैं कि करीब पाँच अरब साल बाद यह सूर्य ही धरती के जीव-जगत को नष्ट कर देगा। इस प्रकार, इस धरती पर जीव-जगत का निर्माण सूर्य की कृपा से हुआ और अंत में सूर्य के 'कोप' से ही धरती का जीव-जगत नष्ट हो जाएगा।

लेकिन इससे हमें चिंता नहीं होनी चाहिए। 'प्रलय' का वह समय पाँच अरब साल बाद ही आएगा। तब तक धरती का यह मानव अपने सुदूर भविष्य का अस्तित्व सुरक्षित रखने के नए साधन अवश्य ही खोज लेगा।

परिशिष्ट-1

सूर्य के बारे में विशिष्ट आँकड़े

1. पृथ्वी से सूर्य की दूरी	14,95,60,000 किलोमीटर
2. सूर्य का व्यास	13,92,000 किलोमीटर, पृथ्वी के व्यास से 109 गुना अधिक
3. सूर्य की सतह का क्षेत्रफल	60,00,00,00,00,000 वर्ग-किलोमीटर, पृथ्वी की सतह से 11,900 गुना अधिक
4. सूर्य का आयतन	1.4×10^{18} घन किलोमीटर, पृथ्वी के आयतन से 13 लाख गुना अधिक
5. सूर्य का द्रव्यमान	1.98×10^{33} किलोग्राम, पृथ्वी की द्रव्यराशि से 3,30,000 गुना अधिक
6. सूर्य का औसत घनत्व	1.41 (पृथ्वी का औसत घनत्व 5.5)
7. सूर्य का घूर्णन-काल	25 दिन (विषुवत-रेखा पर) 34 दिन (ध्रुवीय प्रदेशों पर)
8. सूर्य का सतह-तापमान	लगभग 6000° सेंटीग्रेड
9. सूर्य के केंद्रभाग का तापमान	लगभग 16000000° सेंटीग्रेड
10. प्रकाश-किरणों का वेग	प्रति सेकंड 3,00,000 किलोमीटर
11. सूर्य की किरणों को पृथ्वी तक पहुँचने में लगनेवाला समय	8 मिनट 18 सेकंड
12. प्रकाश-वर्ष	94,63,00,00,00,000 किलोमीटर

13. आकाशगंगा का व्यास	लगभग 1,00,000 प्रकाश-वर्ष
14. आकाशगंगा के केंद्र से सूर्य की दूरी	लगभग 30,000 प्रकाश-वर्ष
15. आकाशगंगा में सूर्य का कक्षीय वेग	प्रति सेकंड 220 किलोमीटर
16. सूर्य को आकाशगंगा के केंद्र की एक परिक्रमा पूरी करने में लगनेवाला समय	25 करोड़ वर्ष
17. सूर्य की आयु	लगभग 6 अरब वर्ष

परिशिष्ट-2

हिंदी-अंग्रेजी पारिभाषिक शब्दावली

अतिभा	Faculae
अंतरिक्ष	Space
अंतरिक्ष-यात्रा	Space Voyage
अंतर्राष्ट्रीय भू-भौतिकी वर्ष	International Geo-physical Year
अपकेंद्री बल	Centrifugal force
अवरक्त किरणें	Infra-red rays
आकाश, खगोल	Sky, Heaven
आकाशगंगा	Milky Way
ऑयन	Ion
ऑयन-मंडल	Ionosphere
ऑयनीकरण	Ionization
आर्द्रा तारा	Betelgeus
आवेशित कण	Charged particle
ईंधन	Fuel
उपग्रह	Satellite
ऊर्जा	Energy
ऊर्णिका	Flocculi
औसत, माध्य	Average, Mean
कक्षा	Orbit
कणिका	Corpuscule
कीप	Funnel
क्रांतिवृत्त	Ecliptic
क्षितिज	Horizon

खगोलीय इकाई	Astronomical Unit
खग्रास सूर्य-ग्रहण	Total solar eclipse
गुरुत्त्वाकर्षण	Gravity
गोलार्ध	Hemisphere
ग्रह	Planet
घनत्व	Density
घूर्णन	Rotation
ज्योतिष, खगोल-विज्ञान	Astronomy
ज्योतिषी, खगोलविद	Astronomer
खगोल-भौतिकी	Astrophysics
ज्योतिर्विद, खगोलविद	Astrophysicist
दाब	Pressure
दीर्घवृत्त	Ellipse
दूरबीन, दूरदर्शी	Telescope
देवयानी	Andromeda Galaxy
द्रव्य	Matter
द्रव्यमान	Mass
धूमकेतु	Comet
ध्रुव	Pole
ध्रुव तारा	Polaris
नाभिक	Nucleus
नाभिकीय ऊर्जा	Nuclear energy
नाभिकीय भट्ठी	Nuclear furnace
न्यूट्रिनो	Neutrino
परमाणु-ऊर्जा	Atomic energy
पराबैंगनी किरणें	Ultraviolet rays
परिमंडल	Corona
परिज्वाला-लेखी	Coronograph
पिंड	Body
प्रकाश-मंडल	Photospere
प्रकाश-वर्ष	Light-Year
फलित-ज्योतिष	Astrology
बल	Force
भट्ठी	Furnace
मंदाकिनी	Galaxy

मेरु ज्योति	Aurora
मृग नक्षत्र-मंडल	Orion Constellation
रासायनिक ऊर्जा	Chemical energy
रेडियो-तरंग	Radio Wave
रोहिणी तारा	Aldebaran
वर्णक्रम	Spectrum
वर्णक्रमदर्शी	Spectroscope
वर्णमंडल	Chromosphere
वान एलेन मंडल	Van Allen Belts
वायुमंडल	Atmosphere
विकिरण	Radiation
विखंडन	Fission
विद्युत-चुंबकीय	Electro-magnetic
विद्युत-चुंबकीय क्षेत्र	Electro-magnetic field
विश्व, ब्रह्मांड	Universe
विषुवत्वृत्त	Equator
वेधशाला	Observatory
वृश्चिक नक्षत्र-मंडल	Scorpius Constellation
श्वेत वामन तारा	White Dwarf star
संगलन	Fusion
सूर्य किरणपुंज	Sun beam
सूर्य-कलंक	Sunspot
सूर्य-ग्रहण	Solar eclipse
सौर-ज्वाला	Solar prominence
सौर-ऊष्मा	Solar heat
सौर तेजोग्नि	Solar flare
सौर दूरबीन	Solar telescope
सौर-परिवार	Solar system
सौर भट्टी	Solar Furnace
सौर वायु	Solar wind
सौर विकिरण	Solar radiation

• • •